禅に問う

一人でも悠々と生きる道

形山睡峰
Katayama Suihou

大法輪閣

禅に問う

一人でも悠々と生きる道

目次

装丁…清水良洋（マルプデザイン）

本書は月刊『大法輪』平成十七年六月号から平成二十年七月号まで連載された「霞ヶ浦和尚の風言葉」を著者が訂正、加筆し、まとめたものである。

はじめに

禅と聞くと、「何だかよく分からないもの」と思う人が多いようである。私自身も何度か「禅とは、どんなものですか」と訊《き》かれたり、「もっと、分かりやすく語れませんか」などと言われてきた。「平常心」「一期一会」「無事」というような言葉は、一般にもよく知られているのに、それが禅語だと知って意味を訊《たず》ねてみると、とたんに高邁《こうまい》な人生論のようなものに出会ってしまう。このことも、禅は分かりにくいと思わせてきた理由の一つだったと思う。

禅者も、そう言われてきたものだから、何とか誰にも分かるような言葉で、やさしく説こうと努めてきた。お蔭で書店に行くと、禅の解説書は多いのである。

禅は鎌倉時代に中国から渡って来た、異国の宗教である。始めは武士階級に支持されたが、やがて、さまざまな形になって生活の中に浸透してゆく。気がついたら日常の言葉や習慣にもなっている。茶道、剣道、弓道などの「道」がつくもの、また、お能や俳句、墨絵などの芸術的なところにも、禅の考え方は影響を与えていったから、私ども日本人には、無意識のうちにも、親しい文化なのである。禅のことはよく分からないと言いながら、常に関心を持たれてきた所以《ゆえん》である。

鈴木大拙博士（一八七〇〜一九六六）は、禅の考え方を欧米に布教した第一人者である。若い時、鎌倉・円覚寺で坐禅に明け暮れ、後に渡米して、東洋の文化を伝えることに邁進された。禅は東洋の心を代表する道だとして、西洋的な考え方に相対するものとして説かれた。そのことが欧米の学者を驚かせ、魅了した。人間の知性を尽くすことで、生きることの真意も、宇宙創成の秘密も解き明かされると信じてきた道が、第二次大戦の惨状の前で、行き詰まっていた。そんな時、博士の語る禅の教えは、新たな人類救済の道を示すように思われたのだ。

博士の生涯をかけた仕事は、ZENという言葉を世界に知らせることになった。お蔭で、明治以来、西洋を英知と見てきた日本の知識人も、少しは日本文化に目を向けざるを得なくなった。外国に行くたびに禅のことや日本文化のことを訊ねられ、日本人として「よく分からない」とは言えない気持ちにさせられたからだ。

学者ばかりではない。商売のことで欧米に渡った者も、禅のことを訊かれることになる。「知らない」と答えると、「日本人は商品を買ってくれと言うばかりで、我々が知りたい日本文化のことは何も教えてくれない」と叱られる。たまたま奥さんが坐禅していた人がいて、彼はいつも不満に思っていた。女が坐禅なんかして何になると思っていたのだが、ドイツの商社マンに批判されて、つい「いや、坐禅なら家内がやっています」と答えると、

「それは、エライ奥さんだ」と誉められ、商談が成功裏に終わることになった。

こんな話を聞くようになったのも、禅を海外に布教するために尽力された先人たちのお蔭である。

禅は、日本人だけの特殊な文化ではなくなっている。禅堂にも、坐禅する外国人が増えてきた。私が修行した禅堂でも、アメリカ人やフランス人、インド人やオーストラリア人、アフリカ人までもやって来て、一緒に坐禅していた。日本人にはまだ、死の近づいた年寄りが頼る宗教のように思われている。坐禅会でも若い人の参加は少ないが、外国人には、人生の真意を開く確かな哲学のように考えられていて、「禅は宗教ではないところが、魅力だ」という者もある。岡山県の曹源寺などは、何十人も外人の禅僧ばかりで、日本人はほとんどいないような在り様である。

辛くて、何年も我慢しなければ達成できないような道は、現代の日本人には苦手である。分かりやすくて、考えなくてもすぐに納得できるものが、大衆に親切なことのように言われ続けてきた、結果である。相撲と同じように、禅も、いつか日本文化とは言えない時代が来るのだろうと思うが、それでも私は、日本の若者にも、何とかこの道を理解してもらいたいと願っている。我田引水になるが、禅こそは本当の宗教で、世界の深遠な哲学にも、自在に対応できる普遍的な道理が示されてきたと確信しているからである。
拙《つたな》いものだが、本書はそんな願いをこめて書かれたものである。公案（禅者の問答を集めたもの）を中心にして、禅の考え方を展開したのは、師と弟子の問答を通して、真理を具体化してきた祖師方の方法こそ、やはり私どもの実在を明らかにする、一番の近道と思うからである。読まれた方が視野を新たにされ、何ものにも束縛されない広大な心が自分にも貫いていたと納得されるなら、望外の喜びである。

著　者

第一章

差別と平等について

燈火に爪を剪《き》らず

「平等」と「差別」は対立しない

「平等」と「差別」について、その意味を掌《てのひら》の筋を見るがごとくに明確にしてゆくことが、人間にとって一番大事な課題だと思う。

仏教のことを勉強してみると（私自身は禅の修行を通して学んできたのだが）、結局はこのことを間違いなく捉えていなければ、本当に仏教を理解したことにはならないのだということに気づかされる。

仏教のことだけではない。世界のどんな宗教についても、また、政治や経済、外交や軍事、子供の教育や福祉の在り方など、人間関係の一切に及ぶ問題が、本当はこの「差別」と「平等」をどう捉えているかに関わって展開されてきたのだ。

哲学上でも、一番の重要なテーマではなかったかと思う。

禅にいたっては、その法理自体が古くから「差別」と「平等」の展開によって構成されてきた。従来は禅の専門家が、師弟間で秘密裏に伝承しあってきたものである。むろん、修行体験も少ないよく知らない者に、肝心なことをやたらに示しても、誤って理解される危険性が高いからだ。要《かなめ》のところは、心境の深さに応じて伝授してゆくのでなければ、かえって真を見失うことになる。昔からどんな道でも、極意のところを秘伝にしてきたのは、そんな教育上の配慮があった。

だが今日、これほどに「差別」と「平等」の問題が安易に、情緒的に捉えられている時代はないと思う。例えば、すべてを「平等」に扱うことが一番の正義のように叫ばれている。男女を社会的に均等に扱おうとする運動などは、大流行である。しかしよく聞いてみれば、性差は別だと言う。性別だけは、さすがに否定しようがないから、考え方の中に入れないでおこうと言うのだ。「差別」「平等」が人間の都合だけで考えられ、感情と理想論で語ろうとするから、こんな自然が持つ本来の事実とかけ離れた主張になる。

また、人には、個性を自由に主張する「平等」が与えられているのだと言う。生きる力を大いに働かせて、自分だけの楽しい人生を探せと言う。だが、そう教えられても、どうしたら個性的になれるのか、方法が解らない者もいる。彼らにとっては、周囲は皆成功した者のように見える。だから行き詰まって自信をなくし、部屋に閉じこもってしまう者、個性的な表現ができないことに焦《あせ》って、世間に目立つ殺人しか思いつかなかった者、外国をさまよって帰って来られなかった者など、みんなと同じ（平等）になれなかったことで、かえって傷つき、苦しむ者が増えている。

拠るべき宗教も、思索するべき確かな道理もないまま、「個性」と「権利」と「自由」が「平等」に与えられていると教えられてきた結果である。そんな風に「平等」の正しさが言われ過ぎると、「差別」を超えられない者たちは追い詰められ、苦しまざるを得ないのだ。

こんな時代こそ、専門家は一言あってしかるべきだと思うが、如何？

本当は、この問題、「差別」は悪、「平等」は善という風に、簡単に割り切ってすむものではない。「差別」「平等」は、人間存在の本質に関わった問題である。つねに事物の根源まで遡《さかのぼ》って、厳しく真摯な思索の中で展開されなければならない。今日のように、一見誰にも分かるような言葉が流行し、理想とされる思想が一元化される時、歴史はいつも特定の権力者を英雄にしてきたのだ。多様な価値観を受け入れなくなった時こそ、人類の危機が近づいていると気づかねばならない。

薺花《なずな》さく垣ねかな

「平等」とは、一般に思われているように、何もかも横並びで社会的差別や規制をすべて無くしてしまった状態を言うのでは、決してない。

また「差別」は、人為的な優劣や権利の有る無しに関わって、それに苦しむ者の側からだけ主張されるものとも、全く違う。

「平等」と「差別」を、互いに対立した価値観のように捉えては、世界のどんな事象も正しく語ることができないだろう。心を静めて、物事のありのままの姿を、自らの善し悪しの感情を入れずに観察してみなければならない。すると、誰でもすぐに悟るだろう。「平等」と「差別」が手を取りあい、主となり客となって共に働いてきたからこそ、この世の一切が成り立ってきたのだと。実際は、「差別」の中にも「平等」が貫いていたり、「平等」の上にも「差別」が顔を出していたりするのが、本来の姿なのだ。

芭蕉は、「よく見れば　薺《なずな》花さく　垣ねかな」と詠《うた》った。

人間は、自分の目につく美しい花々を愛《め》でるが、垣根の隅っこに咲いている薺のような小さな花は、見過ごしてゆく。しかし、それがたとえ垣根の根元に落ちた日陰の種だとしても、天地の咲かせようとする働きだけは「差別」なく「平等」に及んで、今ここに花を開かせる。芭蕉は、そんな自然の働きの妙に打たれた。

薺だけではない。地球上のあらゆる生命体や事物が皆、天の運行の微妙な配剤の結果として、ここにある。例えば、我が庭の草花にも、我が畑のジャガイモや人参にも平等に及んで、日々のささやかな暮らしに喜びを与えている。

ところで、私がもし、自分が育てた草花やジャガイモ、人参（個々の「差別」）から天の働き（平等性）だけを取り出して見たいと願ったなら、どうであろうか。それは誰でも、できない相談だと言うだろう。

実はここに、「平等」ということの重要な秘密がある。

天はいつでも、草花や人参、ジャガイモ、あるいは山や海、動物や魚や昆虫、人間といった、別々の姿に限定（差別）することでしか、己が平等性を露《あらわ》にし得ないのである。つまり、「平等」が具体的になる時には、いつも「差別」の姿でしか現れようがないのだ。

燈下に爪を剪《き》る

江戸時代に白隠禅師（一六八五〜一七六八）は、仏心を悟ると凡夫の「差別」心がなくなり、いかにも本来の「平等」心を得たように言う者が多いので、「燈下に爪を剪らず」と警告した。「明」なのか「暗」なのかはっきりしないような、薄暗い蝋燭《ろうそく》の燈下で爪など切っていると、肝心の指まで傷つけてしまうぞと言ったのだ。

古来、禅者は「平等」を「暗」、「差別」を「明」と見て、その関わり合いを定かにしてきた。真っ暗闇の場所が少なくなった現代では、想像することも難しいと思うが、鼻先に人がいても分からないような暗黒の中では、一切の「差別」が消える。老若男女、地位の上下、財力の有無など、すべてが皆「平等」に闇一色となる。古人はそこに、「平等」そのものと同じ性質を見た。しかしまた、暗闇に一点でも明かりが射せば、即座に事物の姿かたちが露になる。そこに、「差別」ということの具体を実感したのだ。

その「差別」は、明かりの射している場所にだけ存在する。だが、「平等」なる闇は大きい。地球を覆い、宇宙を包んで、無限の暗黒のうちにある。実は、私たち自身もそうだった。「我」という認識の明かりを照らしたところにだけ己の姿を見出すが、認識に照らされる以前、「我」の思いがなくても平気で働いているところ（肉体の大半の働きはそうであるが…）では、一切を「平等」に生かそうとして止まない天地のはからいに与《あずか》って、他の命と共に連なりあっている。つまり、その中では、己という「差別」を失っているのだ。

「平等」の働きには果てがない。そして、「差別」はその中の一作用に過ぎないのだ。

しかし、お互いがなくてはならない関係にあることは間違いない。人はそれを「差別」の方から見たり、「平等」の方から見たり、また「差別」「平等」一体に見たり、そのどちらでもないところで見たりする。どのように見ようと、結局は人間の認識上に照らされた「明」の一部分である。「平等」そのものの全体は永遠の「暗」のうちに姿を隠したままだ。

だから、そんな「暗」を確認したいのなら、明かりを煌々《こうこう》と点《とも》して、明暗を明らかにするよりほかにない。結局、個々の「差別」を、嫌わず避けず、正しく受け尽くしてゆくことでしか、「平等」を確認してゆく道はないのである。

「差別」と「平等」を対立的に捉《とら》えて、いたずらに「差別」ばかり悪者にしていると、かえって、私たちに本来そなわった肝心の平等性まで傷つけることになる。ご用心である。

犬に仏性《ぶっしょう》はあるか？

「平等」を知るのは、簡単ではない

些《いささ》か、禅では「平等」と「差別」についてどのように見てきたかを述べた。

なぜ、この問題にこだわっているのかと言えば、前項でも述べたように、今日、あまりに理想的な「平等」ばかりが主張されて、「差別」の本来が不当に悪者になっているからである。「平等」は、「差別」を全く無くすことで実現されるのではない。「差別」を正しく受け止めてゆくことの中から、確かな「平等」は顔を出してくるのである。

例えば、ただ「戦争」を無くしさえすれば「平和」になるように思うのと同じ勘違いが、そこにはある。長い人間の歴史を見渡せば、「戦争」はいつも、「平和」が続いた中から生まれてきた。そして「平和」が続いている間に、人は必ず、別の形で「戦争」の種《たね》をまいたのだ。隣人が自分の家の境界線を無視して塀を建てた。それを役所に訴えたら、役人は隣人の財力や権力にくらまされて、聞いてもくれない。そんな個人的な諍《あらそ》いは、今日の日本でも時々耳にする。ところが、昔からこんな諍いが、多くの場合国家間の戦争にまで拡大していったのである。

世の中には、差別されて苦しむ者がたくさんいる。日本国内の差別問題も重い。だが、欧米のユダヤ人に対する偏見や黒人差別の話を聞くと、その根は深いと思う。やはり、人間の性質そのものに問題があるとしか思えないのである。

だから私は、「戦争」反対を叫ぶなら、まず肉食を完全に止めてからにしたらどうかと、言いたくなる。年間、何百万頭もの牛や豚を殺して、それを平気で食べられる心は、無意識のうちにも、殺しに対して人間を鈍感にしてゆく種になっていると思うからである。生命への思いやりを言うのなら、人間にだけではなく、動物植物にも及ぶようであって、初めて「平和」と「戦争」を正しく語られる場に立つのではないか。

つまり、「平和」の実現が困難であるのと同じように、「平等」を具体的にするのは、簡単ではない。ただ、「平等」を叫んでいれば、「平等」になるものではない。「平等」と「差別」の関わりを明確に捉えて、その上で、正しい在り方を工夫して行かねばならぬ。

まず「差別」は、「平等」がなければ生じなかった。誰もが「平等」のすばらしさを知っていたからこそ、「差別」されることが苦しみになったのだ。端《はな》から「平等」を知らねば、「差別」

を意識することも生じなかった。ならば、先に「平等」の正体を見極めておく必要がある。

古来禅者は、そんな「平等」の実体を、己が存在の根底に問うことで明らかにせんとしてきた者だった。

犬には仏性《ぶっしょう》が無いのか？

ここに一つ、優《すぐ》れた問いかけがあった。

昔、趙州従諗《じょうしゅうじゅうしん》禅師（七七八～八九七）のところに一人の僧がやってきて、問うた。

「狗子《くし》（犬）にもまた、仏性がありましょうか」と。

趙州は、「無い」と答えた。

僧の質問は、一切の生命には仏性が貫いているという、仏教を学ぶ者にとっては基本的な思想が前提になっている。僧はすかさず問わずにはおられなかった。

「上は諸々の仏様から下は蟻《あり》にいたるまで、すべてに仏性が具わっています。どうして犬だけは無いのですか」と。

趙州は答えて言った。「彼に業識性《ごっしきしょう》（迷いの性質）があるためだ」と。

この問答、禅に参ずる者には有名な公案である。公案は祖師方の説いた言葉である。修行者にその言葉の真意を究明させせることで、かえって自心の本性を明らかにさせせんとしてきたものである。

今日でも、参禅者の多くが、師から最初にこの公案を与えられて工夫させせられる。だが、決して初心者用の問題ではない。趙州和尚といえば、「老古仏」と称され、唐代の禅僧でもトップクラスの境涯を謳《うた》われた人である。その和尚と同じ境地に立たねば、この「無い」と答えた真意が本当には分からないとされたのだから、実は大変な公案だった。

しかし、初心者に、初めから人間のことではなく、犬に「仏性」が有るか無いかなどと工夫させるところは、面白いと思う。どだい、人間中心の価値観で頭がいっぱいになった者が、知識だけでは済まなくなって、壁に突き当たり、坐禅でもしてみようと思い立ったのである。実際、人間以外の存在について考えたこともないような者に、人間の本来の在り方など分かるはずもないのである。だから、まずは動物や植物の在り様について考えて見た方が、早かろうという訳である。

さて、この「無い」の真意を会得《えとく》しようと願うなら、道は無数にあった。それでも多くの場合、初心者には「無」「無」「無」「無」と、行住坐臥《ぎょうじゅうざが》の一切処において、全身心を挙げ、間断なく「無」の一念に成りきってゆくことが勧められた。過去、無量の先人たちが趙州の真意を求めて苦心してきた、その体験が、そこには込められているからだった。

それはいったい、どのような体験だったのか。

一つには、「無」「無」「無」と無限に念じ尽くすことで、従来、知的な思念と思われたものの大半が、実は、単なる雑念に過ぎなかったと痛感させられたのである。

私たちの一日は、ほとんどが記憶にも残らぬ瞬間の念々によって過ごされてゆく。確かな思いの一つも無いことの方が日常なのだ。そんな日々の積み重ねが、私たちの心を弛緩《しかん》させ、虚無《きょむ》に陥らせる。やがて、人生を真摯《しんし》に捉えるより、無意味と断じることの方が真実のように思われてくると、もう、死ぬしか道がなくなってくる。それでも、死ねなくて雑念に追われて生きる者の苦しみは、辛く、耐え難いのである。

坐禅して心中を「無」念で統一せんと試みた者は、誰でも、これら日々の中で放置してきた泡のごとき念々に邪魔され、少しも純一になれぬ己に気づかされた。どんなりっぱな考え方も、こんな雑念だらけの心で思いついたのなら、本当に確かな真実ということにはならないだろう。次第にそのことがよく納得されてくるから、何よりもバブル（泡の念）を崩壊させることが緊急の問題だと実感された。

諦《あきら》めずに、気力を尽くして集中に努める必要があった。やがて順々に、散乱して止まない心の癖が直《なお》くされる。するともう、世界は人間がわざわざ勝手な意味を付さなくとも、とっくの昔に、すべてが明らかな「平等」のうちで調《ととの》っていたと気づかされた。

どんな物も、叩けば音が出る

二つには、三昧力《さんまいりょく》が徹底されるのだった。

この力が現代人は特に弱い。どんな仕事でも、夢中になって努めない者に、その仕事の内容が分かるはずはない。「無」の真意を明らかに悟らんとするなら、「無」の外に存在が見出せぬほどに成りきる必要があった。だから、真剣に参じた者なら、必ず一度や二度、あるいは何度も、身心がすっかり「無」の中に見失われて、自分も他人もない、天地いっぱいの「無」になった体験を持った。

自他がないほどに一如になって、もっとも事物と親しくなった感覚は、人を何よりも充実させた。だがさらに、物それ自体の本性を明らかにするには、物を詳しく分析してみるより、むしろ己がないほど対象と一つになってゆくことの方が、確かになることが納得させられた。

三つには、「無い」ということ、それ自体に貫かれた。そして驚いたのだ。

どんな物でも、叩けば音が出る。しかし、例えば板木の、どこに音が隠れていたから「カーン」と鳴ったのか。そう問えば、誰も答えに窮《きゅう》するだろう。隠された場所は、「無い」と言う他にないからだ。もし誰も叩かなければ、音の鳴ることすら知らずに終わる。

しかも、叩けばそこに、「差別」が示される。その叩き方次第で、自在に鳴りようが変化するのだ。面白いではないか。物のうちに同じ音量が固定されている訳ではない。どこからという定まった場所があるのでもない。見たり掴《つか》んだりできる音の形があるのでもない。だが、叩けば音が鳴るという「平等」を、どんな物体も皆、備えている。

私たちも、趙州の「無い」に徹底貫かれることで、むしろ一切の存在に備わる「平等」から、常に「差別」が叩き出されていたと悟るだろう。どんな形でか？　例えば犬という業識性を与えられてだ。

「平等」を言うのは容易《たやす》い。だが、正しく知るために、古来、渾身《こんしん》の修行が勤められてきたのだ。真剣に身心を究明して後、やっと少しく明らめ得た。だから、「平等」ばかりを安易に主張して、実体を見失なったバブルの崩壊にならぬことを、切に願うのである。

世界は広いのに、なぜ規律《ルール》に従って生きるのか？

僧も人間ですから

作家の杉本苑子氏が書いた『西国巡拝記』（中公文庫刊）を読むと、どこのお寺でも僧尼から、

「坊主も人間ですから」

と言われて、とまどっている。

この言い方、私も何度か耳にしてきた。

「僧も人間だから、人並みに生きるための算段をせねばならない。仏法に奉仕する仕事についているからといって、誰もが聖人君子のように生きていると思わないでください。僧も、妻子を養わねばなりません。当然、お金も必要になります。食べたり飲んだり、家族友人と楽しむことも必要です。時には失敗もし、悲しんだり苦しんだりもします。ですから、あまり固苦しい枠をはめて僧尼を見ないでください」と。

大半は、こんな意味で言われるのだろうと思う。

世間がともすれば宗教者に無垢《むく》なものを期待しがちなものだから、こちらもつい、予防線を張っておきたくなる。世間は、人が無垢な心を保つためにはどれほど厳しい修行が必要なのかを理解しない。僧なら、無欲な境地を悟っているのは当然だろうと、始めから決めてかかる。だから、時に欲深な僧侶に出会って不愉快な思いをすると、大いに失望して、以後、あらゆる僧を罵《ののし》って止まないことになる。

私も道を歩いていて、突然、未知の人から、「クソ坊主！」と、全僧侶を代表して怒鳴られたことが、何度かある。

無論、そんな風に人々から批判されないよう、すべての僧侶が心して日々身を慎《つつし》んでゆくことが、何よりも大事なことではある。杉本氏も書いておられる。

「淋しく、貧しい魂の群れは、いつの世も、覚者の前に跪《ひざまづ》くことを熱望しているのだ。衆愚の先達となり、光となっていただきたい。もともと、そうなろうとの大願のもとに、俗世からの出離という偉業を、敢行されたかたがたなのだし、だからこそ私たちも、限りない畏敬と、いっぽう、限りない希望を、僧尼の存在につないでいるのだから…」と。

しかし、世間の人も、多くは無責任なのだ。

自らは欲望のままに生きることを是とし、人生の大半が損得を思うことで一喜一憂してきた者たちである（だからこそ、日々迷い苦しんでいるのだが…）。それなのに、俗を離れて修行をしてきたとされる僧尼への評価となると、大変厳しいのだ。

そんな厳しい眼に晒《さら》される苦しさから免《のが》れたくて、つい「坊主も人間ですから」と言ってしまう僧尼である。気持ちは分かるが、それでも、なぜ「人間だけど、僧なのだ」と覚悟されないのか。そう思ってしまうのである。

規則に縛られて生きるもの

政治家だけど人間だから、裏金をポケットに入れました。教師だけれど人間だから、つい不倫しました。医者だけど人間だから、手術の失敗を隠しました。百姓だけど人間だから、農薬いっぱいの米を売りました。建築士だけど人間だから、鉄筋を抜いた設計図を描きました、等々。

この頃、日本中「人間だから」許されると思って犯した事件が目白押しである。その道のプロとして仕事に「責任」を持っていると思うのは、大きな誤りだった。普段、専門家として偉そうに見えても、心根は謙虚で、日々質素に暮らしているというような、高潔な人格者はほとんどいなかった。

なぜ、こんなに無責任があたり前になったのか。実は、己《おのれ》の尊厳性を見失ったがために、個として誇り高く生きるより、人並みな人間であることを正義と思う者が増えたからだ。

禅には、こんな公案があった。

「雲門《うんもん》曰く、世界は恁麼《いんも》に広闊《こうかつ》たり。甚《なん》に因《よ》ってか鐘声裡《しょうせいり》に向かって七条《しちじょう》を被《き》る」と。

（中国は唐の時代、雲門文偃《ぶんえん》禅師（八六四〜九四九）が云われた。「世界はこんなに広大で限りなく、自由なのに、なぜ僧は、鐘が鳴るたびに袈裟をつけて読経に行くのか」）

禅の修行道場では、どこでも雲水（修行僧）は朝の三時過ぎに起きて、合図の鐘が鳴ると、僧衣の上に袈裟をつけて本堂に読経に行く。何百年も欠くことなく、くり返されてきた行事である。

しかし世間は広く果てしない。人間だって何も限定される必要はなかろう。やろうと思えば他に何でもある。それを、何を好んで禅寺に入り、日々決められた規律に縛られて生活をするのか。そこにいったいどんな真意があると言うのだ。

この公案、現代風に訳せばこんな意味にもなるが、雲水が仏道に参ずるための問題とばかり思ってはならない。禅は常に一切の事物や人々に通じるところの、普遍的な真理を問うてきた道なのである。

皆々、毎朝目覚めては勤めに出る。会社や学校、役所や家庭で、私たちは決められた時間を定め、それに自身を合わせながら暮らしているのだ。世界はこんなに広いし、人間には自由に生きる権利が与えられているというのにである。

本当は、もっと好き勝手な人生を選んでもよかったではないか。なぜわざわざ己を小さな枠に閉じ込め、社会のルールに合わせて生きようとするのか。いったいそこに、どんなりっぱな理由があると言うのか。

こんな意味に捉えてもよいだろう。

自由を正しく使う道

昔、広大な敷地を高さ五メートル四方の網で囲み、中で鶏を放し飼いにしたことがある。人間の方からすれば、狭いゲージで飼われる鶏とは比べようもない自由を与えたつもりだった。ところが、ともすればゲージを飛び越えて外に出るものがある。それを追うと、鶏は十メートル以上も飛んで、なかなか捕まえられない。初めて生き物の自由を求める本性に触れた気がした。

生命あるものは皆、何ものにも損なわれずに生きることを、ただ願ってきたのだ。自分の生を少しでも邪魔しようとするものがあれば、自らに備わった知恵を懸命に働かせて、できるだけ排除しようと努めてきた。それが、自己保存のために生命体に与えられた、本来の力だった。

そのお蔭で、ともすれば自分の力が、他の自己保存力と衝突する。個々の自由を言うのは簡単だが、個々の力を自分勝手に使うことは不可能だった。私の自由が他の自由と衝突するからだ。鶏は網の外で遊びたい。卵を採《と》りたい私は、それでは困る。あなたは質素に暮らしたい。他の人は大富豪の生活が望みだ。歴史は、そんな個々の力を自由に使いたい者らが、その衝突をどのように裁断してきたかの縮図でもある。

雲門禅師は、だから、お互いが衝突し合わないように定められた規律に従って、世間のルールに限定された中を、素直に生きることの大切さを説いた。この公案は、そう見ることもできよう。

否、そうではない。誰もが心底自在に生きてきた道を明らかにされたのだ。そして、その自在を具体的に自覚するには、限定の上にも限定を尽くして、目前の事物と自己をピッタリ一つに合わせてゆく外に道がないことを示された。つまり、夏にどてらを着ては暑過ぎるし、冬に半袖だけでは風邪をひく。春には春の衣服を合わせ、秋には秋の着物を選ぶ。私たちはいつも状況に応じて、それこそ自在に着替えてきた。夏だけど綿入れでなくてはならぬと自分勝手な我を張って、自己保存力を確認してきたのではないのだ。

山田家には山田家の伝統があって、山田さんになる。佐藤さんは佐藤家の家風の中で、佐藤さんを生きる。しかし、その山田さん佐藤さんも、会社に行くと上司になり部下になり、商人になり、家では主人になったり父になったり息子になったりする。その一々を、状況に応じて正しく変化させることで、他でもない自分自身を確かにしてきたのである。

そこに禅者は、誰にも差別なく備わるところの自由自在な創造性を見出した。

「坊主だけど、人間なのだ」という、一見平等に思われるところに落ち込むのではない。皆と同じ人間だけれど、その平等性を具体的にするには、僧尼は、ただ「人間だけど、僧侶なのだ」という伝統的な規律に正しく合わせてゆく外にない。厳しく困難な道だが、古来、それを実践してきたのは、また、人間に自由と尊厳が備わっている証拠でもある。

そのことを忘れて、人として安易に生きられる道は、実はどこにもないのだと思う。

悟った人は、どこに向かってゆくのか？

宗教の排他性が心を蝕む

石原慎太郎氏が産経新聞に連載の「日本よ」（平成18年9月26日付け）で、宗教の無力を論じていた。北アイルランドの長い紛争はその軸にカソリックとプロテスタントの対立があり、解放されたはずのイラクでは、同じイスラム教内でのスンニ派とシーア派が血の相剋をくり返している。各地で、相手を無差別に巻き込んでの自爆テロも頻発《ひんぱつ》している。氏はこれらの例をあげて、「政治がからめばいかなる宗教の権威も力が及ばないというなら、宗教は人間の救済について一体何を説くというのか」「所詮信仰は、政治を含めたもろもろの迫害の中で、その場しのぎの安らぎを与えることしか出来ないのか」と言い、宗教の無力と宗教家の怠慢を批判した。

実際、歴史を振り返ってみても、宗教感情の対立ほど人を殺してきたことはないように思う。

それに対して、バチカンやプロテスタントの権威が、和解や調整に本気になったことはないし、イスラム教では、「聖戦」と称して血の粛清《しゅくせい》を奨励している指導者もある。

仏教には人間救済の高度な哲学があると、石原氏は絶賛する。しかし、「世の（仏教の）指導者たちは、それを踏まえての人間の安定に腐心しないのか」と批判し、結局「宗教と信仰のもたらす排他性が、実は人間の生命だけではなしに心までも蝕《むしば》み損なっているとしかいいようがない。世界の宗教の指導者たちは、己の無力をいかなる神に向かっても恥じるべきに違いない」と言及した。

まことにその通りで、宗教家こそは、常に、宗教が人類の悲惨な歴史に対して無力ではないことを証明しなければ済まない者だろう。だが私は、彼らがそのための努力を怠けてきたわけではないと思う。昔から、多くの宗教者が人間の安定を願って奔走してきたのである。問題は、それなのになぜ、他宗派への過激な排他性が生じて、宗教心とはおよそ無縁な殺し合いにまで至るのか、ということである。

人々はいつの時代にも、自分たちを心底安定させてくれる指導者を求めてきた。それを国家の指導者や精神の指導者たちは、己の示す道こそが正義と主張することで、応えようとしてきたのだ。宗教家は自分の信仰する宗教こそが、すべてを救済しうる真実の教えと説いてきたから、そのためにもっとも尽力したことは、異端（我が信仰とは異なる教え）の排斥《はいせき》だった。今に至るも、宗教を軸にした対立が絶えないのは、その故である。

つまり、宗教が無力でないばっかりに、かえって争いが生じてきた。ならば、宗教は世界の問題に対して、無力な方がよかったのではないか。実は、宗教は決して有力なものではなかった。真の教えなら、人の役に立つところなど一点もなかったのだ。なかったからこそ、かえって、人々を多くのしがらみから解放してきたのだと思う。

一頭の水牛になってゆく

中国は唐の時代にこんな問答があった。

趙州従諗《じょうしゅうじゅうしん》禅師（七七八～八九七）が、ある日、南泉普願《なんせんふがん》禅師（七四八～八三四）に問うた。

「仏法の大事を納得した人は、どこに向かってゆくのでしょうか」

南泉が答えた。

「門前の檀家のうちで、一頭の水牛になってゆくのじゃ」

「和尚のご教示、有難うございました」

趙州がそう挨拶すると、南泉はすぐに言った。

「昨夜、真夜中に、月が窓からさしこんできたのだよ」

趙州という町の観音院に住したことから、趙州和尚と呼び名されたこの和尚は、百二十歳まで生きたとされる唐末の禅匠である。彼はある日、師匠の南泉禅師に「悟った人なら、どんな風に暮らすのでしょうか」と訊ねた。厳しい修行を経て真に安心の境地を悟った者なら、人と異なる生き方をしているに違いない。それはいったいどんな在り様だろうと、一般は興味を持って訊く。だがこれは、そんな意味の問いではない。互いの悟境を、全存在をかけて点検しあっているのだ。「老師のお悟りには、どんな働きがありますかな」と。

それに対して南泉が、「わしか。わしなら、門前にある檀家さんのところで一頭の水牛となって、日々、野良仕事に使われてゆくのじゃ」と答えた。

南泉は時に、「人は皆、異類の中に向かって行かねばならぬ」と説いたことで知られる和尚である。「異類」の「異」とは差別、「類」とは平等のことだという。また「異類中行」とは、大乗の菩薩が自らは悟りの世界（類）に住まないで、苦しみ迷う衆生（異）の中で済度のために奔走してゆくことだという。だからこの答えは、南泉が、

「わしは、お悟りの境地などに尻を据えてはいない。そんな自分の安心《あんじん》など露も思わず、田

んぼで使役される牛のように、人のために泥まみれになって働いてゆくばかりだ」と、本当の仏教者なら本来あるべき衆生済度の姿を、高らかに謳《うた》いあげたのだと見ることもできる。

しかし私は、この言葉は、そんな人間が考える宗教家としての理想的在り方だけを述べたのではないと思っている。南泉は人類をも含めた、全存在の落ち着き場所を具体的に指摘したのだ。つまり、人間が心底納得できる安心の境地なら、もしそれを牛に訊いてみて、牛もまた語ることができたなら、「そうだ、我ら牛類の真に安心するところも、そこだ」と肯《うなず》くところ。犬や猫に訊いても、馬や鹿や羊に訊いても、山や川や空や海、柱や壁に訊き、またどこかの星の異星人に訊いたとしても、もし、彼らが人間の言葉で答えることができたなら、きっと、「あなた方が真に安心しうるところこそ、我らがまた、真に存在するところなのです」と断言したに違いないところを、南泉は「水牛になってゆく」と答えることで、露《あらわ》にしたのだ。

昨夜、月が窓からさした

さて、南泉の言葉に趙州が、「これは何とも、結構なお示しを有難うございます」と返答した。南泉が、人間が期待するお悟りや安心のところからはるかに離れた時点で真意を述べたことを、趙州も納得したからだった。

この世のいかなる事物も、ここに存在するための拠り所を持っている。全く単独で孤立して在るわけではない。皆、与えられた運命《さだめ》をあるがままに受けて、避けず嫌わず、ここに在る。ならば、その拠り所は、与えられたところに素朴に従うことで得てきたのだ。

趙州は自ら水牛に成り代わって、そのことの礼を言った。

南泉はすぐに、「昨夜、真夜中にな、月が窓からさしこんで来たのでな」と弁解せねばならなかった。わざわざ言わなくても済んでいることを、事新しげに喋ってしまったからだ。

「月」は、闇を照らすことで、夜をいっそう際立たせる。それが我という窓を通してさしこんで来る時、我々もまた、天地の真夜中を一入《ひとしお》実感してきた。我々が、自己の生を明らかに確認する時も、それと似た状況にあった。

見ることも取ることもできぬ無限の過去（昨夜の真夜中）が、只今の体験（月）に引き出されて、自己の意識（窓）上にさしこんでくる時、つまり、過去の経験が、新たな意味を以って今の現実上に蘇ってくる時に、我々は、今日の生あることを実感してきたのだった。

南泉の返答は、そんな事実を象徴したとも言えよう。しかしこの事実、人間だけに当てはまるものではないだろう。あらゆる事物が、また、全過去を正しく受けて、新たに今に具体化させることで存在してゆく。その在り様に、人間のはからいを超えた無量の働きを見出してきた南泉と趙州だった。

宗教は本来、この働きに気づくことから始められねばならないと思う。無力とか有力とか、宗教の捉え方の違いで救いに優劣があるようなことを言い合っているから、争いが生じてしまう。真実の救済者なら、人や事物を差別するはずがない。宇宙にある全存在に通徹する普遍の真実を見出したからこそ、今に至るも、人々の心の糧《かて》になる教えを示してきたのである。第一、人間にだけは真実で、牛や馬には嘘になるような教えが、一切を安心させ得るはずがない。それを錯覚して人の役立つ道ばかり求めてきた。宗教が無力に見えるのも当然だったろう。

死んだら何処へ行くのか？

魚たちの墓所は、どこか？

金子みすゞ（一九〇三〜一九三〇）は、今の山口県長門市に生まれた詩人である。26歳という若さで亡くなったが、その「詩集」を読むと、多くの人が忘れてしまった子供時代の感性を、再び見出す。平易な言葉は、まだ世界と自己が別れる以前の、素朴な心の表出である。中でも「大漁」という詩は、この頃色んなところで目にするから、ご存知の方も多いだろう。

朝焼小焼だ
大漁《たいりょう》だ。
大羽鰮《おおばいわし》の

大漁だ。
浜《はま》はまつりの
ようだけど
海のなかでは
何万《なんまん》の
鰮《いわし》のとむらい
するだろう。

『金子みすゞ童謡全集』（ＪＵＬＡ出版局）より

人間は鰮《いわし》の大漁で、喜びの絶頂に立っている。高値で取引できることを思えば、興奮のなかにいるだろう。しかし、魚の方からすれば、何万もの同僚が死んだ大惨事の日である。私どもは魚に心など無いかのように思って平気だが、魚たちにとっては、昨日まで親しく泳いでいた仲間たちが大量に亡くなったのだ。きっと、悲嘆のどん底で泣きくれていることだろうと、金子みすゞは詠《うた》った。

人間は、自分の幸不幸の量は問うても、そのために犠牲になった動植物の命の量を思う者は少ない。例えそんな話を聞いても、「一々そんなことを考えていたら、生きてゆけないよ」と断じて、終わるだろう。

しかし、動植物にも感情はある。親しく接する者は、よく知っている。動物は無論のこと、木や草や花や虫や蛇にも、また、山や川や空にも心がある。それは、幼時にはあたり前の事実だった。ところが大人になると、なぜか皆、忘れるのである。

ところで、金子みすゞの詩を読んで、初めて気づかされることがあった。

私はただ、海は塩辛い水の集まったものとばかり思っていた。しかし、鯨や鮫のようなものから何百万種の魚類や虫類、海草類まで、それら海中で棲息してきた生命体の死後の身体は、いったいどこに消えたのか。みすゞの詩で、私は急に彼らの墓所のことを想像させられた。結局、すべては海水になってしまったのだと考えるほかになかった。世界中の海は、海の全生物の死体が、まるごと溶け込んでいった液体、そのものなのである。

ならば、先に死んだものの墓所が、そのまま、今生きている生物の生活の場所になっているのだ。

この気づきは、些《いささ》か驚きだった。なぜなら、すぐに陸上の生物についても考えることになったからだ。やはり地上に棲息する生き物たちも、皆、死んで土の中に溶け込んでいったのだ。我々の大地も、また、過去無量に死んだものたちの死体の堆積場なのだった。

現代人は大半が、死ぬと火葬にされてしまうから気づかない。だが、死後の身体が全く無になったのではない。別の物質に姿を変えて、大地や空気と一如になっているのだ。

だから人間も、何万年もの間、死者の墓所を現世を生きるための場所にしてきた者たちだった。

沙弥《しゃみ》の時、六祖に参じた

昔、三聖慧然《さんしょうえねん》禅師（九世紀後半）が弟子の秀首座《しゅうしゅそ》を長沙景岑《ちょうさけいしん》禅師のところへやって、問わせたことがあった。

「南泉普願《なんせんふがん》禅師（七四八〜八三四）は死んだ後、どこへ行かれたのでしょうか」

長沙が答えて言った。

「石頭《せきとう》がまだ沙弥《しゃみ》（修行中の僧）だった時、六祖に参じたことがあったよ」

石頭は希遷《きせん》禅師（七〇〇〜七九〇）のことで、石上に庵を結んで坐禅していたので、石頭和尚と呼ばれた僧である。六祖は慧能《えのう》大鑑禅師（六三八〜七一三）で、達磨大師から六代目の祖師である。

南泉のことは、33頁で取り上げている。「自分が死んだら、檀家の田圃に使われる水牛に生まれ代わる」と言ったことで知られる禅僧である。だから後世、道を求める者は、その遺言を重大な公案と為してきた。そこに、どんな真意が象徴されているのかと。

無論、三聖が首座（僧堂の上座にある者）に問わせたのも、この遺言が前提になっている。六祖も石頭も南泉も、三聖も長沙も、禅の歴史上では優れた禅僧として知られてきた者たちである。だから、死後の消息を知らないで問うたのではない。後輩たちで、このことを真剣に問う者のあることを思って、問答をし合ったのだ。

さて、私どもが死んだら、いったいどこへ消えて行くのか。この問題で、不安にならなかった者はいないだろう。彼らは正に、それ故に語り合った。なぜなら、生死の迷いを晴らして、すべての存在を安んじてゆくことこそ、禅者の務めだったからだ。

ところで、長沙の答えに首座が再び訊《き》いた。

「私が訊いているのは、石頭が沙弥だった時のことではありません。南泉が死んで何処に行ったのかを問うているのです」と。

長沙がまた答えた。

「そのことなら、彼（石頭）自身に訊ねればよいではないか」

いったい、三聖や秀首座にとって石頭は昔の人である。その故人が修行中に六祖について学んだと言う、それがなぜ、南泉の死に場所を指し示したことになるのか。

この問答、例えば「私の父が死んで、今は何処にいるのでしょうか」と訊いたら、「隣家の爺さんは、明治時代に丁稚奉公《でっちぼうこう》をしたことがあったよ」と答えたのと、同じ話なのである。

過去が新たに蘇ってくる

宇宙にあるすべての事物は、過去を受けないでは、刹那《せつな》も存在することができないできた。それらがいったい、どれほどの過去を受けてきたのかと言えば、実に無限の過去の一切を受けて、今ここに在るのだ。約五十億年の地球の歴史は、積まれ積まれて、私一個が生まれてくることにすら、余すことなく関わってきた。私という存在は、そんな膨大な過去の縁《えにし》に連なって、その最先端にチョコンと乗っかってきた者なのである。

では、その事実を、私どもはどう証明してゆくのだろうか。

どんなにもがいても、誰もそんな永遠の過去を、ここに丸ごと取り出すことはできないから、結局、ほんの最先端の刹那に在ることを納得してゆくほかに、証明の方法はないのである。それでも、今という刹那の一点を確認することで、全過去に連なっていることだけは示されてゆくだろう。

例えば私が、「子供の時、村の小学校へ通った」と言う。この事実が、六十近くなった私の今日を在らしめている。ところが、六十年の人生でははかれない縁が、そこに関わっていた。江戸時代に、松山藩（現高梁市《たかはし》）の山田方谷《ほうこく》という儒者が、はるばる美作《みまさか》の地にやって来て学問所を開いた。その場所が、後に私の通った小学校になる。方谷の弟子は、東京で二松学舎大学を創設した。戦後生まれの私は二十歳を過ぎて禅の修行道場に入ったが、以後、二松学舎大学の先生や学生と多くの縁ができる。

皆さんが今日あるのも、私と同じように、無限の過去からの有縁無縁の積み重ねが関わってきたからに違いない。

ただその事実を、私どもは、今確かに生きて行くことでしか証明できないでいるのだ。死んだ者たちが、消えて無くなったわけではない。無量の縁に凝縮して、丸ごと今の私に連なっている。禅は、そこにどんな作用が働くから、こんなに過去に連なってこられたのかと、その働きの大本を問うてきた。だから、「彼自身に訊ねよ」と答えたのだ。彼とは、墓所そのもののことでもある。

私どもは、「昨日、どこそこに行ってきた」と言う。今日そう語ることでしか、自己を証明できないからだ。しかし、そう語るところに、もう、過去は新たな意味をもって蘇ってくる。誰も先祖の墓所を、今生きている場所として確認してゆくほかに、死後の世界を見出してゆく道はないのである。

眉毛が有るか、無いか

靴の履き方

誰もが幸福を願っているのに、なぜ、災難が降りかかってくるのか。本当に必要がないものなら、初めから災難など無ければよかっただろうに、と思ったことがある。

人間は己《おのれ》が嬉しいと幸せに思い、己が苦しいと不幸せに思う癖があるから、つい己の希望通りに人生が巡ってこないと不満を思う。無論、世界の事象が己の願いどおりに動くことは、決してない。宇宙や地球の運命も、私の思いとは全く無関係に展開されて、勝手に我が身に及んでくるのである。

だから時に、地震や火事や事故に見舞われては、思わぬ困窮《こんきゅう》にさらされる。

昔、軍隊で靴を支給された兵隊さんが、サイズの合わない旨を申告すると、「足を靴に合わせろ」と叱られたという。何とも理不尽な話だが、人生にもそんなところがある。目前の状況はどんなに理不尽でも、そこに自分を合わせてゆくことができねば、不自由で仕方ないことになる。

寒暑がくり返される度に衣服を着替えねばならず、風呂にも入らねばならぬ。髪や髭も整え、化粧もして、外観を保つだけでも煩《わずら》わしいのに、さらに、三度三度の食事をしなければこの生を維持できないことの困難。よくもこんなに不自由な身で生きられたものだと思うが、皆、案外平気でいる。否、むしろ不自由だからこそ生きがいを感じているようにも見える。平安ばかりで、日々に困難がないと、かえって退屈しているのだ。

どうも人間は、天邪鬼《あまのじゃく》のようだが、不自由を知ることで自由を確認するようにできているらしい。不自由が全くない世界を理想世界のように言って、その実現に奔走する者があるが、あれは人間のことを知らないのだと思う。

時に災難があるから、日頃を油断しないで生きられる。病気をすると健康のすばらしさが痛感され、不幸を体験すると、小さなことにも幸せを見出すことができる。死はまさに人間の一番の不幸だが、これを実感するほどに、今、生あることの確かさを知る。

ただ人間はいつも、存在自体に貫いているこんな理不尽を、もう少し自在に受けてゆきたいとは願ってきた。だから、中には合わない靴を与えられても、履き方を上手に工夫するのではなくて、別の方法を見出す者がいたとしても不思議ではない。一人は、他人の靴で自分に合いそうなものを盗んで履いたから、本人はちっとも不自由をしなかった。一人は初めから足にピッタリの靴を持っていて、支給品など要らなかった。一人は、元々靴が不要な者だった。靴があれば履き、無ければ履かないで済ませて平気だった。いったい、そんな横着者たちは、どんな輩《やから》だったのだろうか。

三人の横着者

修行期間が夏休みに入る期末の一日、翠岩《すいがん》和尚が修行者らに挨拶した。

「春先以来、ずっと諸君らのために東に説き西に説いて、大いに説法してきたが、よく看《み》てくれ、わしの眉毛はまだ有るかな、どうかな」と。

昔から、良いことを説き過ぎれば眉毛が抜け落ちる、と言われてきた。己の分をわきまえず、いかにも悟ったように説く者は多いから、警告の意味だったろう。そんな俗諺《ぞくげん》を採りあげて、ここで、翠岩がみんなの前に顔を突き出して見せたのだ。すると、保福《ほふく》（?～九二八）がすぐに答えて言った。

「やれやれ、大泥棒ほど心中はびくついているものよ」

続いて、長慶《ちょうけい》（八五四〜九三二）が言う。

「ふっさりと生えているわい」

そこで、雲門《うんもん》（八六四〜九四九）が言った。

「関《かん》（関所だ）」と。

禅のことに全く無案内の者には、何を言い合っているのか、さっぱり分からない話だと思う。もっとも、禅に心得のある者でも、この問答の真意を悟ることは難しい。だが、古来禅者の間では、このおかしな問答のうちに、人生の真意が尽くされていると見てきたのだから、驚く。

中国の唐代は、優れた禅者がまるで芸術品のように多数輩出した時代である。翠岩・保福・長慶・雲門という禅僧たちも、皆、その境涯が一級品とされた者たちだった。特に雲門は雲門宗の開祖となった人で、たった一言で真意を露出することでも知られていた。

さて、翠岩が「眉毛が有るか無いか」を問うたのは、聴者を試したのかもしれない。さんざんに説いても、真意が伝わらないことは山ほどある。だから、すっかり中身をさらけ出して仏法の要諦を判りやすく説いたつもりだ。しかしそのお蔭で、あまりに説き過ぎて眉も抜け落ちたに違いない。わしの語った意味を真に納得する者なら、容易に点検できるはずじゃ。どうだ、と。

保福は、「衆生のためを思って走り回っている者ほど、その結果を案じて一喜一憂しているものよ」と、翠岩を揶揄《やゆ》した。本当に心の自在を悟った者なら、人の目を気にして結果を案ずるようなことはしない。案ずるのは、まだ尽くしようが足らないからだ。終生、泥まみれになって奔走している者なら、己の結果を問う暇はない。「翠岩よ、お前さん大丈夫かい」との意気込みである。

大泥棒とは、優れた禅者のことを言う。禅者から見れば、私どもは皆、泥棒である。自力で命を得た者など一人もない。一切は天地自然のはからいに与って生きている。それなのに私どもは、誰に断りもなく、まるで己一人の所有物のごとくに思って命を使っている。ならば泥棒と違わないではないかと、禅者は思う。それも、多くは小泥棒である。せっかく与えられた命を、充分に生かすこともできないでいるのだ。そのくせ、人生が詰まる、詰まらないと思っては、愚痴を言う。どうせなら思いっきり自由に使って、命の大泥棒にならねばならない。

関所を自在に越えてゆく

長慶は、「いやいや、眉は一毛も抜けてない。ふっさりと生えているぞ」と言った。抜けるような眉毛（お悟り）など持ってないくせに、何を言うかとばかりの答えようである。

本物の禅者なら、己のお悟りなど振り回さずにゆく。お悟りの深浅で、宗教心にも優劣があるように言うから、いつまでたっても全存在が救われる教えにならない。本当の教えなら、修行しようがしまいが、どんな人にも本来備わってきたところの悟性をもって真意を伝えてゆく。だから、誰もが安心できるのだ。

雲門はただ一語、「関所だ」と言った。

こちらの国からあちらの国と自在に出入りするためには、関所を通る。大陸を旅行すると必ず国境があって、関所が設けられている。誰も関所役人の点検を受けねば通過できないが、受けさえすれば、人でも車でも馬でもロバでも、自在に他国を往来できるのである。

雲門はそんな関所の在り様を以って、存在の実相を示した。

初めにも記したが、私どもはこの理不尽な環境を、いかに我が思い通りに使おうかと思って、日夜苦心する者である。それがなかなか上手く実現できなくて、悩み苦しみとなる。お金がもっと欲しいと願っても、天から降ってくるものではない。長寿を願っても、老いと死を免《まぬが》れる道があるわけでもない。実に、日々努力と工夫を重ねることで、些か生を充たしてきた者である。

しかし、そんな風に思い通りにならない運命を持ち運びながらも、反面、限りなく自在な心身を使って余すところがない者でもあった。

青空を見ようと思えば、ちゃんと首が仰向いて見上げることができている。しかも間違いなく青空と見て、闇夜と見間違うことが決してない。手足が思うよりも早く動いてくれるから、運転が自在にできる。別にその度に一々命令を出して手足を働かせているわけではない。生きることは不自由なこと極まりないが、よく観察すれば、それを補《おぎな》って余りあるほどのいっぱいの自由を、誰もが持ってきた。

本当は、自由の国から不自由な国へと出たり入ったりしていることが、私どもの生き様だった。私とは、そんな風に心身の働きを自由に出入りさせ、点検している関所みたいなものである。しっかりした眉毛（お悟り）がなければ、人に説けない。しかし持ちまわっても不自由である。だから、刹那《せつな》刹那に関所で点検しては必要なだけを通してゆく。

何と私どもも、自由な心と理不尽な環境との関所を自在に往来する、一人の旅人ではあった。元々、眉毛も不要なままで生まれてきた者だから、如是に自在に生きられるのである。

無名の托鉢者に一文銭を与えよ

差別と平等の係わりを説く

虚堂智愚《きどうちぐ》禅師（一一八五～一二六九）の語句を集めた『虚堂録』は、臨済録・碧巌録《へきがんろく》・大慧書《だいえしょ》・正宗讃《しょうじゅうさん》・江湖風月集・禅儀外文《ぜんぎがいもん》と並んで、「禅門七部の書」の一つに数えられ、禅者の必読書とされてきたものである。

「とんちの一休さん」として親しまれる一休宗純《そうじゅん》禅師（一三九四～一四八一）も『虚堂録』を愛読されたようで、彼の遺した禅詩集『狂雲集《きょううんしゅう》』を読むと、いかに虚堂禅師を敬慕されていたかが分かる。自らを「虚堂の再来」と称したり、「虚堂七世の孫」と署名された人でもある。

この頃、そんな一休禅師の尊敬された虚堂禅師と思って『虚堂録』に目を通すことが多くなった。私が所有しているものは『国訳禅宗叢書』（第一書房・昭和四十九年発行）の第二輯第六巻・七巻で、漢文が書き下し文で載せられ、語句に注釈がほどこされてある。多分に誤植や誤釈の多い書であるが、今日一般に入手できるものでは、他にはあまりない。

ところで、一読してみれば、虚堂禅師の法理の明解さに打たれるだろう。

禅者の法理は、高邁な理論で説かれるよりも、日常平凡な言葉で表現されることの方が多い。だが、またそれだけに意味が凝縮され、象徴的な言いまわしになる。禅者が詩的に語ろうとするのも、結局、本当のところは言葉にできないからである。

『虚堂録』では、そんな詩的な象徴性と高邁な論理性が、豊富な古典の知識によって自在に融合され、縦横に駆使されて、あたかも達人の妙技を見る思いがある。思わず膝を叩いて、嘆息させられるのである。

禅の本来には、一点の思想性もない。だが、外国語を学ぶ日本人に文法が必要なように、禅の考え方を伝えるにも、何らかの思想形を為す必要はあった。禅者の方法は、差別と平等の関わり合いを適切に示すことで、人々の真実の在り方を問うてきたのである。

平等とは、今日言われるような、男女間の差別や社会的条件の差がないことではない。いかなる事物（存在）にも貫いている、普遍的な事実に触れて言われた言葉である。

例えば、全存在は今日只今にしか存在しえないという事実である。私より一秒でも未来か過去に存在している者は、世界中どこにもいない。どんなに社会的地位が高い人でも、富豪でも、貧しい庶民と同じ刹那を生きている。この一事実だけは、誰にも平等に貫いている。また、誰もに命が与えられていることも、平等な事実である。

しかし現実は、同じ時と命を共有する者同士が、互いの違いを主張しあって生きる場でもある。なぜ、そうなのか。『虚堂録』を読むと、そんな差別（日常の現実世界）と平等（一切に貫いてある普遍性）という、実際にはなかなかに複雑な問題が自ずから解き明かされる。

天地は一指、万物は一馬

虚堂禅師がある日、講座台に上られて話された。

「言うことが足りている時は、終日話していても、すべて真実の道（絶対の平等世界）に適《かな》ってゆく。言うことが足らない時は、どんなに終日語っても、すべて事物（日常の差別世界）を追うばかりだ。

そこで、答えてみるがよい、真実の道に適っていることと、事物を追うばかりと、その実際は、本来一つのことなのか、それとも二つ別々のことなのか。

もし、一つのことだと言うなら、なぜ、あちらの山は高くて、こちらの山は低いのか。また、もし二つのことだとするなら、なぜ古人は『天地《てんち》は一指《いっし》、万物《ばんぶつ》は一馬《いちめ》（天と地は一つの指と同等の位、万物は一頭の馬と平等一如）などと言われたのか。

この問題の白黒をはっきりさせる事ができるなら、わしは、お前たちに草鞋銭《わらじせん》を返してやろう。だが、さっぱり分からないというなら、来年の麦の豊作を祈って托鉢者に一文銭でも与えるがよい」（『虚堂和尚語録巻一・顕孝寺語録』）

「言うことが足りている時」とは、何も言う必要がない時を言う。言わずとも、真意が初めから納得されているのだ。それでも、もし語ることがあるなら、たった一言で全世界のことが尽くされてゆく。自己と世界とがまったき調和の中にあるからだ。

「言うことが足りない時」とは、どんなに説明しても真意が通じない時を言う。そんな時、私どもは、あらゆる事物を持ち出して説明する。事物を並べることで自己の正当性を確認したいからだが、結局、現実の中で己の主体性を見失うのが常である。

そこで虚堂禅師は、まず、問うた。「足りている時」と「足らない時」と、平等世界と差別世界と、そのように分けて見るのは私ども人間の錯覚であって、世界の実相は、本来、誰もが同一の真実に貫かれているだけのものではなかったのか、と。

しかし、それならばなぜ、山に高低の差があり、人に男女の別があるのだろう。貧富の差がなければ喘《あえ》ぐ者もないのに、地球上で数十億の人々が貧困の中で苦しんでいる。現実世界はいつも、差別でいっぱいである。ならば、古来、禅僧が迷悟は一如と言ったり、天地と万物は一体などと言ってきたのも、戯《たわむ》れの虚言だったのか。

虚堂禅師は、私どもに厳しく問いただして、白黒を明確にせよと迫った。実はこのことが明らかになると、誰でも、存在の真意が一気に明らかになることを悟ってきたからだ。

お前たちに草鞋銭を返してやろう

本当の平等というなら、いつでも・どこでも・誰にでも貫かれている状況を言うのでなければならない。何十億年という無限の時間の中で、どんな瞬間にもそこに及んでいる平等。地球上のあらゆる場所で、また、広大な宇宙のどの空間にあっても、ついに外れることのない確かな平等。人種や地位や名誉、個々の感情や思想を超え、宇宙人から動植物、昆虫類、微生物、鉱物に至るまで、その存在に余すことなく貫かれている平等である。そういうものでなければ、本当の平等と言うことはできない。人の頭の中だけで想像された平等なら、もうすぐに、犬や猫にも通用しないからだ。

では、そんな本当の平等があったとして、どこでそんな結構な世界を確認できただろうか。実は、足らない時をちゃんと生きることで、確認してきたのだ。差別を正しく明らかに生きることで、普遍的な平等性（足りている時）を証明してきたのだ。

虚堂智愚禅師の答えは簡潔で、象徴的だった。

「もしはっきりと納得しているなら、お前たちに草鞋銭を返してやろう。さっぱり分からないというなら、来年の麦の豊作を祈って、托鉢者に一文銭を与えるがよい」

人生に足りている時がすっかり納得されるのなら、今まで道を求めて、長年さまざまな道場を遍歴してきた、その足代をそっくり返してやろう。もしまだ不足があって、人生が充分でないと言うなら、福の神のお札を持ち歩いて家々の厄払いをして歩く者（当時、そんな托鉢者がいた）に、来年の五穀豊穣を願って一文銭を恵むがよい、と。

私どもは皆、己が人生の充実を願って生きている。それは、人類始まって以来の願いだったが、なぜそのように願い求めるのかが分からない。古来、哲学者や宗教者が「己とは何か」を問うてきたのも、そんな己が求める心の真意を明らかにしたいと願うからだった。

「何ものが、よりよき人生を求めさせるのか」

実はそれを、誰も正確に言うことができなかった。何かに充実を感じないと、ちゃんと生きた気がしないのは、私のはからいではないからだった。つまり、生まれた最初から、物を求めて止まない者として、この世に与えられてきた。

だからもし、私どもが意味を求めて、真摯に己が願いの根底を問いつづけたなら、誰でも、私のはからいなど露も及ばない、実在の主体に直面させられることになった。体験者が、後に「神」「仏」「ゴッド」などの名を冠したが、すべて人間の勝手な尊称に過ぎない。実在の主体そのものは、端から無名だった。ただ、そんな主体の働き様が、一切の事物の上（個々の差別上）に平等に貫いている、普遍的な事実として納得されるばかりだった。

私どもはいつも、昨日まで積んできた無限の過去（長い間、真の充実を求めてさまよってきた、その足代）を、今日只今にそっくり返して貰うこと（過去の一切の結果を、我が身に受けること）で生きてきた。そしてまた、今日生きた結果（今年植えた麦の苗）が未来の幸福につながること（来年には充分に熟すること）を、祈りつづけてきた者だった。

そうではなかったか？　では、いったい誰に祈ってきたのか。

福をもたらすであろう無名の托鉢者、つまり、私どもの内なる普遍的な真性に願ってきたのである。

有句無句は藤の樹によるが如し

事物は言葉に尽くせない

言葉を使ってしか事物を表現できない者が、どうして、事物の真相を言葉で尽くすことができよう。なぜ、そのことが理解されないで、この世のことは何でも言葉で表現できるかのように錯覚するのだろうか。

人間の言葉は、個々人の体験則に限定されてしか使えないというのが、事実である。どんなに正確に詳しく語ったとしても、結局は、人間の言葉によって意味づけされただけであって、その物の実体を丸ごと捉えたわけではないのだ。

神や仏の偉大さを説いた聖典であっても、この事実からは免れない。人間という生臭い存在が語った言葉に過ぎないのだ。聖典の言葉だから尊いといっても、その言葉を信じない人や忘れた人、聞いたこともない無知の人には、神仏が及ばないとするのなら、神仏のはからいも人間の言葉に限定されたものになる。神仏のはからいが人知を離れていて、人間の信不信をはるかに超えた働きで、差別なく一切に及んでいると納得されてきたからこそ、神仏は尊ばれてきたのだった。

私どもは、目前の机のことですら、言葉では言い尽くせないでいる。机は、言葉ではないからだ。わずかに、人間の眼に見えた部分だけを、人間にとって便利なところで語るほかにない。使われた木が、かって、何百年もの歴史を経てきた大樹だったとしても、その樹が長い年月をどのように生きてきたかというようなことは、全く知ることもできないでいる。

事物そのものは、言葉とは無関係に存在してきたものだった。だから、言葉で事物を尽くすことはできないのだ。人間は鳥ではない。だから、人間を鳥の立場で表現することはできない。それと同じである。

人間の心の内なる感情についても、実は同じことが言えよう。

私どもの喜怒哀楽の情は、決して言葉から生じるわけではないからだ。例えば今、深い悲しみがあったとして、それが言葉に表現されない間は、まだ「悲しみ」というものではない。心情が意識に触れ、「悲しい」という意味を持った言葉上で確認された時、初めて己《おのれ》に深い悲しみのあることが自覚される。

しかし、だからと言って、悲しみの一切が確認されるわけではないだろう。「悲しい」という意味の言葉に限定することで、むしろ言葉にできない無量の悲しみが、言い残されたのである。

己の心情ですら、人間はいつも、そのようにしか確認できない者だった。まして、他人の心や、事物の全体が言い尽くせるはずはないのである。

大安禅師の大笑い

古来、そんな言葉の尽くさざることに思い至って、それならばまず、言葉になる以前の事物そのものに、丸ごと直接してみたいと願った者がいた。己自身の真実な在り方を模索するうちに、己の迷いは、言葉の上に真意を求めたことにあると気づかされたからだ。

彼らは各地を遍歴し、師を求めては問いただして、言葉に尽くせない存在の真意を見出してきた。いったい、彼らが長い修行の果てに見出したものは、何であったろう。言葉とは全く無縁のことだったろうか？　そうではなかった。かえって、言葉と言葉にできない世界との関わりのうちに、思いもよらない一事実を発見してきたのだ。

昔、潙山《いさん》の大安禅師（七九三〜八八三）が、

「有句（言葉がある）と無句（言葉がない）との在り様は、ちょうど藤が樹に絡《から》まっているようなものだ」

と言ったことがある。

ある日、それを訊いた疎山匡仁《そざんきょうじん》（八三七〜九〇九）が問うた。

「樹も倒れ藤も枯れてしまったなら、いったい、その有句無句の問題はどうなるのでしょうか」

と。

その時、潙山は壁土を塗っていたのだが、持っていた泥の盤を下におろして、大笑いしたという。

有句無句といっても、言葉のことだけを言ったと考えることはない。生き死にのことであっても、平等と差別のことでも、自由と秩序のことと見ても、同じである。

いつか死がやってくると思うから、今の生を確かめておきたいと願う。絶対の平等があると思うから、差別のことが気になって仕方ない。私どもが自由を願うのは、秩序の中に心の萎縮を感じるからだろう。しかし、死を嫌うからといって、死がなければ良いと願っては、本末転

倒である。死がなければ、生も存在し得ないのだ。

もし、この世が平等しかなく差別がどこにもないのなら、誰も平等の有難さを知らないままで終わるだろう。平等は、至るところに差別があることでしか、その良さが自覚されないのだ。自由をもっとも強く欲している者は、いつも、牢獄に閉じ込められた囚人なのである。

また、有句と言うなら、私どもは無句のお蔭で言葉を自在に操《あやつ》ることができていることも忘れてはならない。例えば私が「わたし」と言う時、「わ」と言った直後に「た」を発音できるのは、「た」を言う時、そこに「わ」が残されてないからである。

つまり「た」の時には、前の「わ」が完全に終わって無句の状態になっている。だからすぐに、次の「し」を言うことができている。もし少しでも「た」が残っていたなら、ついに正しく「わたし」と伝えることができないで終わる。有句の上で無句が、刹那刹那に働いてきたから、私どもはどんなに長い言葉も、音が重なることなく語ることができている。

まさに有句と無句との関係は、不即不離で、大樹に藤蔓が絡むような関わり合いではないか。

しかし、そんな風に有句無句の関係を明かしても、結局、人間の意識（言葉）上で相対的に把握されたものだった。宇宙は、人間の感情や言葉などに全く関わりなく、何十億年もの間、自由自在に天地を生み出してきたのだった。人間も、その自在に与《あずか》って生み出されたものの一つである。

笑いの中に刀あり

ならば疎山のように、一度は「言葉の有句無句を問う以前は、いったい何ものが万物を在らしめてきたというのか」と、問われねばならないだろう。自らの上にも働いてきたであろう、宇宙以来の自在な創造性を確認するためにである。

疎山の追求は、潙山に泥の盤を下に置かせて大笑いをさせた。半分は、彼が仕掛けた有句無句の問いに、かえって真意を言い当てられたからだった。半分は、疎山の追求に真っ正直に答えて見せたのだ。

しかし疎山自身は、その時潙山の笑いの意味がよく分からなかった。後に明招徳謙《みょうしょうとくけん》禅師に参じた時、潙山との問答について話すと、明招は、

「潙山は頭から尻尾まで全く正しい答え方をしたのだが、ただ、知音《ちいん》に出会わなかっただけなのだ」と言った。

知音とは、心底の真意を分かり合った友人のことである。そこで疎山が改めて訊いた。

「突然に、樹も倒れ藤も枯れてしまったなら、いったいその有句無句の問題はどこに帰着す

るのでしょうか」と。

明招が答えて言った。

「いよいよ、潙山の大笑いを新たに起こさせてゆくばかりだ」

この言葉に、疎山はハッと悟ることがあった。そこで「何だ、潙山は初めから笑いの中に刀を忍ばせていたのか」と言った。初めから潙山に迷いの元をすっかり切られていたのに、気づかなかったと言ったのだ。しかし、いったい疎山は何を悟ったというのだろうか。

有句と無句、生と死、平等と差別、自由と秩序の関わり合いのうちにも、万物を在らしめて止まない創造性だけは、どんな言葉の束縛も受けないで自在に働いてきたことを見出したのだ。

樹も枯れ藤も倒れてしまったからこそ、新たに、樹の芽や藤の芽も生じてくる。しかも、その生じさせる力に姿かたちは無いのだ。無いけれども、一切の事物の上に貫いて、無限に芽生えさせている。あらゆる差別相を生んで止まない力だった。

潙山の大笑いは、そんな事実を直示していた。疎山は明招の一言で、己のうちにも創造の大笑いが鳴り響いて止まないことを、思い知らされたのだ。

そして初めて、潙山や明招と共に、自らも知音だったことを納得させられたのである。

第二章　「空」と創造性

先尼《せんに》外道の見解

身体は無常でも、心は滅びないのか？

仏典の『大般涅槃経《だいはつねはんぎょう》』に「先尼《せんに》」の話がある。

「大衆の中に一人のバラモン僧が有って、先尼と呼ばれた。彼が説くには、人が火事を出して家は消失したが、その主《あるじ》は逃れて焼かれなかったというように、私の教えにもそれと同じ法理がある。この身体は無常のもので、やがて死んで滅びる。だが、まさにその無常の時にも、我が心の本性だけは逃れ去っているのだ。だから我が本性は世界に普《あまね》くして、また常（永遠）の存在なのだ」と。

死んだら、私という魂はどこへ行くのか。あるいは全く消えて、無になってしまうのか。あの世が有るのか無いのか。有るなら、先祖の霊たちにどう出会うのか、等々。

死が近づくにつれ、そんな風に考えなかった者は少ないだろう。未知の世界に、一度も経験のないまま旅立たねばならぬことほど、私たちを不安にさせることはないからだ。

しかし、この先尼というバラモンは、この身体は無常の存在で亡くなってしまっても、我々の心を司《つかさど》っている本性（霊性）だけは決して死ぬことがないのだと主張した。死の不安におののく者には、些《いささ》か安心させられる言葉ではないか。

ところが、この見解を真っ向から否定した人たちがあった。

中国の唐代は、出家在家を問わず、優れた禅者が多数輩出した。中でも南陽の慧忠《えちゅう》禅師（？〜七七五）は傑出した禅僧として知られていた。

ある日、慧忠のところへ一人の僧がやって来る。そこで、尋ねた。

慧忠「どこからやって来たのかね」

僧「南方から来ました」

慧忠「南方にはどんな禅僧たちがいるのかね」

僧「優れた方がたくさんいます」

慧忠「どんな風に教えているのだろう」

僧「直《じき》に、心がそのまま仏だと教えています。仏とは悟りのことです。あなた方を今見聞覚《けんもんかく》知《ち》（見たり聞いたり覚ったり）させている、その心性を離れて、外に仏はありません。私たちの身体は生きたり滅んだりしますが、この心性だけは世界が始まる以前から、未だかって生滅したことがないのです。

身体が滅ぶのは蛇が脱皮したり、人が古家を出るようなものです。身体は無常の定めを受けて生死《しょうじ》しますが、その心性だけは常住で滅びない。南方の仏法は、ざっとこんな教えです」

慧忠「もし、そのような教えなら、あの先尼が外道の見解と何の違いがあろう。自分も彼の地に行った時、そんな教えをたくさん聞いた。この頃、もっとも多い見解なのだ。皆、三百五百の修行者を集めては、そんな風に説いて、これこそ六祖慧能《えのう》禅師伝来の南方の宗旨だと言っている。いたずらに祖師の真意を捏造《ねつぞう》して、人々を迷わせているのだ。どうしてそんな解釈で、仏の教えと言えよう。

苦しいかな。我が禅宗は滅んでしまったのだ。もし見聞覚知させている心性が仏だとするなら、維摩《ゆいま》居士（仏典『維摩経』の主人公）が『法（仏の働き自体）は見聞覚知を離れているのだ。もし私どもが見聞覚知しているなら、その時は見たり聞いたり覚ったりしているのであって、別に法を求めているのではない』と言われるはずがないではないか」

修行した心は高位に昇るのか？

少々難しい話である。

ここで「心性」と言われているものを、現代風に「理性」と見て読めば、少し分りやすくなろうか。

西洋から輸入された見解だが、一般に、心の内なる「理性」の働きが私たちを正してゆくものと思われている。その働きの正しさは、たとえ身体は滅びることがあっても、ついに失われることはない。もし理性がそんな働きと見られているなら、先尼や南方の禅師方の見解とほぼ同じになる。

あるいはまた、この「心性」を「霊性」のようなものと解すれば、我々日本人には聞きなれた言葉になろうか。

この頃、巷間《ちまた》に流行する『心の指南書』や『宗教の解説書』を読むと、彼らの説に似た解釈が山ほどある。余程この見方は、人間の知性に受け入れられやすいもののようだ。

例えば、「この世」の外に目に見えない「あの世」があると説く。「あの世」には「この世」で成された過去の一切がたたみ込まれていて、「この世」と一体になって働き出てくるが、「この世」は終わっても「あの世」は永遠不滅の存在なのだとする。

また別の書では、自己の背後に霊があって、私たちの運命を支配している。不幸になるのは悪霊が働くからで、特殊な呪力を持った師に払ってもらうことで幸運になると説く。心の深化に段階をもうけて説くものもある。修行した者は高い位に入って安らかな境地に遊ぶが、未熟な者は心の位も低く、常に迷いの中で苦しむのだとする。

仏教の解説書にも、似たようなものは多い。悟ればどんな心持ちになるかといえば、重い荷物を背負って山に登った者が、やっと頂上について、荷物をおろした時のような境地なのだと言う。苦しい修行に耐えて、よく煩悩を滅ぼした者は、もう迷いの雲の心にかかることがないから、実に晴れやかな心持ちになる。この世は凡夫には苦しみの世界でも、悟った者には永遠普遍の真理の世界と映るのだと説く。

慧忠禅師が「先尼外道の見解」としたのは、すべてこれらの説を言ったのである。

坐禅していたら仏になるのか?

なぜ否定したのか。仏性や心性、理性や霊性や「あの世」、また悟りの世界を、俗を離れた高位な境地だとして、あたかも具体的にそんな優れた場所があるかのように、また自らが体験して見たかのように説くからだった。本当に体験した者は、こんな風には決して語らない。すべて人間の脳味噌で創作された、人間にだけ快い作り物の境地なのだ。

作り物だから、その優れた境地を疑う者には罰が下ると、平気で宣言できる。その代わり疑わない者には、現世の利益が思いのままに与えられると言う。また、人間中心に考えられた理想郷だから、人間以外の生命体には無慈悲である。

要するに、こんな見解の陰に、厳しい修行に耐えた者や悟った者は優れた人間、そうでない者は迷いの凡夫とする、覚者の優越感が見え隠れする。

本当には体験してないことを、あたかも体験したように言おうとするから、自己を特殊な高みにいるかのように言わざるを得ない。事実をあるがままのところで納得した者は、もう他と比べる必要がないことに気づかないのだ。

我らを在らしめて止まない真の働きに、無常も常も「あの世」も「この世」も、凡夫も仏も生死も迷悟も、滅も不滅もない。瞬時もそんな影を落とさないがゆえに、よく一切に及ぶのである。慧忠だけではない。祖師方はただこの事実を伝えようとして、古来心血を注いできた。

南岳懐譲《なんがくえじょう》禅師（六七七～七四四）は、ある僧が仏になることを願って懸命に坐禅修行している側で、瓦《かわら》を磨いた。僧が「何をしているのか」と問うと、「鏡にしようと思ってな」と答える。「瓦を磨くと鏡になりますか」と訊く僧に、「坐禅していれば仏になるのか」と答えた。僧は初めて求める方向が間違っていたことに気がついた。

日本の道元禅師は『正法眼蔵・即心是仏の巻』で、「瞬間の心も仏の働き、永遠の心も仏の働き」と説いた。どんな時間も仏の働きから外れたことはないと断言されたのだ。

また白隠禅師は、「ただ一切処において正念工夫《しょうねんくふう》の端的であれ」と説いた。正念工夫とは、未だ一念も生ぜぬ以前のところ（仏の場所）から、休みなく存在を確認し続けてゆくことだ。しかも白隠は、その工夫に修行場所を選ぶなと言った。世界のあらゆる状況が、そのまま正念工夫端的の道場となるのでなければならぬ。それこそ戦火の真っ只中であろうと、新宿の雑踏の中であろうと、あるいは人なき深山《みやま》の中であろうとである。

かくして初めて、いかなる人にも、物にも、場所にも、時にも、宇宙の一切の事物にも外れることがない、真実の道が露《あらわ》になってくる。今日、仏教が現実世界に無力のように言われるのは、いたずらに世俗を超越した良い境地を宣伝するばかりで、この自覚と工夫が忘れられているからなのである。

一つの峰だけ、雪がない

自分のためだけに安心を求めず

ある時、長年禅に参じていた人がガンに罹《かか》り、死を目前にしながら入院していた。それを見舞った友人が、訊《き》いたことがある。

「長く参禅（公案修行のこと）してきたことが、こんな時どうですか。役に立ちますか」

彼は断言した。

「いや、禅なんか何の役にも立たない。夜、薄暗い灯りの中で天井を眺めていると、不安でたまらない」と。

禅を、人間の役に立つか否かのところだけで論ずれば、大いに間違うだろう。自然を人間に役立つところだけで利用してきた結果が、今日の環境汚染に連なってきたことを思えば分かる。人間に都合のよいところだけで正しさを定めていると、私たちは後で必ず手痛いしっぺ返しを食らってきたのである。

しかし、いざ死ぬ場に直面して、坐禅したことが心の安らぎに全く関わらないというのも、おかしな話である。まさに生死《しょうじ》ギリギリのところで、確かな道理を明らかにしてきたのが禅の教えだったからだ。

たぶん、その人の坐禅してきた志（道心）が、方向を見誤っていたのだと思う他ないのだが……。今日でも、精神的に人より優位に立ちたくて坐禅する者、ただ心を落ち着かせたくて坐禅する者、会社員の躾《しつけ》や、不良な子どもを反省させるために坐禅させる者、悟れば迷わずに済みそうだからと坐禅する者など、個々人の功利的理由で坐禅する者は多い。だが実は、それらは皆、誤った道心なのである。

自分だけの安心を願った心は、ついに自分自身をも見失わせる。全体と共にあって始めて、ここに存在してきた私たちだからだ。自己一身の安心を見出した心は、即座に全体の安心に連なるという把握《はあく》がなければ、本物ではないだろう。

坐禅の要諦を説く『坐禅儀《ざぜんぎ》』（北宋時代・一一〇三年に編纂）にも、

「あらゆる人々の苦しみを除こうとの誓いで修行するのであって、自分一人のためだけに、悟りを求めてはならない」

と戒めている。

また、その末文には言う。

「坐禅に成りきった禅定《ぜんじょう》の道は、緊急重要な課題である。もし私たちが心を静処に統一して思念を安定しておかないなら、ここ一番の時、つまり死が直前に迫った時に、茫然として為《な》すすべを知らないだろう。

だから古人も言っている。『もし禅定力《りき》によって軽やかに死門を征服しておかねば、空しく生死の流転する苦しみに引きずり回されて終わる他ないだろう』と」

生滅することのない一人

禅に参じたのなら、生死の極みに立って、死門を軽やかに越えてゆく道を見出す必要がある。否、禅門の徒だけの話ではない。仏教は釈尊が生・老・病・死の四苦から逃れる道を求めて出家されて以来、ただこの課題ばかりを明らかにしてきた教えだった。生・老・病の三苦も、畢《ひっ》竟《きょう》は死を予感するが故に問われてきたのだから、仏教徒は皆、本来、死の問題を軽やかにせんがために学ぶ者だったろう。

そこで禅者の一人が、こんな話を持ち出したことがある。

ある時、首山省念《しゅさんせいねん》禅師（九二六～九九三）が語った。

「千山白満々、孤峰何としてか不白（世界中の山々が皆雪に覆《おお》われて真っ白なのに、なぜ一つの峰にだけ雪がないのか）」と。

クイズ遊びをしているように思われるかもしれないが、そうではない。生死を軽やかにするための要《かなめ》のところが、ここで披瀝《ひれき》されているのだ。この問題（公案）は、次のように解釈することもできるだろう。

「万物は何億年も生滅をくり返し、私たちもそんな、止むことなき生滅の運命に縛られ振り回されている（千山白満々）。だが、ここにたった一人だけ、ついに生滅せぬ者がいる（孤峰不白）。もしその者に真実出会うなら、もう意味を問うて日々に迷う必要はなくなる。生滅の苦から永遠に免れることができるのだが、では、いったいどこにそんな結構な者がいるというのか（何としてか不白）」と。

生まれて滅び、生まれて滅び、生まれて滅び、また生まれて滅び。あらゆる衆生（生きとし生けるもの）が、無限の過去から今日までこのくり返しの中で存在してきた。さらに言えば、私たちの死後もまた、皆この生滅のくり返しの中で、永遠の未来を創造し続けてゆくのだ。ならばそこに、一つだけ絶対に滅びない普遍的な事実が貫いていることに気づくだろうか。

滅んではまた必ず生まれるという、そのことを無限にくり返している一事だけは、ついに、生きることにも滅ぶことにも関わらずに働く、不動の事実だということをである。

「一人のついに生滅せぬ者」とは、この事実のところを譬《たと》えたのでもある。だが、「なるほど、不白だ」と早合点してはいけない。何者がそのように不動の生滅をくり返させてきたのか、その普遍的な働きようの大本、創造の主《ぬし》を悟ることが、実はこの公案の主旨なのである。

鏡には姿かたちがない

千山に雪を降らす、その働き自体が雪の姿をしているわけではない。大気の状況が、温度や気圧の変化に応じて雪になった。だから状況が変われば、すぐ雨にも霰《あられ》にも晴れにもなってゆく。

そこに貫いている普遍の事実は、一つに決して固定されずに働く、大気の自在な性質があるということだけだ。私たちはその働き自身を、どう言ったらよいのか。白色・灰色・青色という風に、一色に限って言うことはついにできないから、ここでは「不白」と言った。

鏡に譬えて言えば、もう少しこの「不白」が分かるだろうか。鏡は前に来るものの一切を映す。前に花を置けば花を映し、男が立てば男を映す。だが、男が前に立った時、以前に映した花が鏡の中に残っていることがあるだろうか。そんなことは、ついにない。だから男が去れば、また別の前に来るものを映して、男の姿をどこにも止めないのである。

そこに鏡の、一つに決して固定されないで働く、自在な性質がある。

では、何も映さない時の鏡そのものは、どんな姿をしていたのか？　もしそう問う人があるなら、私たちは結局、鏡自身の本来の姿は永遠に見ることができないだろう。どんな時にも、何か前にあるものを映した鏡しか見出せぬからである。

そこに、鏡自身の本性の現わしようがあった。どんなものをも来るがままに映して止まぬ自由な働きを持ちながら、決して自分の姿だけは見せることがない。だからその在り様を「不白」と言った。

私たちが生きるところにも、同じ「不白」が貫いている。私たちは、自分では何か他とは異なる、独自な個性でここに現われているかに思っている。

だが、自力で自分になっている者など一人もいないのだ。父母の遺伝子を通じて先祖と連なり、他の生物を食べて生きるエネルギーにし、教育や人間関係、生活や自然環境の一切の影響を受けて自分になっているばかりである。

つまり、あらゆる周囲の縁（環境）を映して私になったものが生きている、というのが本当であろう。ならば、そんな縁を映さない前の自分は、どんな姿かたちをしていたのか？もしそう問われたら、結局、鏡と同じように、一切の縁を離れた私だけの姿は、ついに見ることができないと言うほかはないだろう。しかしたとえ見えなくとも、常に縁に応じては自由自在に私の生を日々紡《つむ》ぎだしていることだけは事実である。ここにも「不白」と言うほかない働きがある。

滅ぶことにも生きることにも固定化されない一事が、一切の上に貫いている。禅者はこのことを悟らせるために、坐禅の道を設けてきた。生死の極みで、その事実に戻ることができないなら、坐禅も仏教も無用の長物と化す。

僧になってから、「坊主が宗教のことをちゃんと伝えぬから、仏教が堕落した」と言われ続けてきた。しかし、学ぶほうもちゃんと方向（道心）を間違っていなかったかどうか、点検してもらいたいと思う。

するとと仏教が、新たな姿で見えてくると思うからである。

清浄な行者は、仏にはならない

修行で特別な者に？

一般の人が知ることもない修行道場に入って、厳しい戒律の下、心の開発に努めてきた者は、特殊な境地になっているように思われることがある。修行した本人自身がそう思っていることも多く、もう普通の人間とは違うのだ、精神的境地が一段上がったのだと言ったりする。人は未知の世界を体験してきた者には、何がしか畏怖《いふ》を覚えるものだから、あるいはそうか知らんと思う。お蔭で修行体験者が修行とは全く無縁の大嘘を語っても、まともに信じられてしまうのである。

オウム真理教の教祖だった人の本を読むと、彼は「人間が未だかって誰も到達したことのない超解脱の境地を得たのだ」と書いている。つまりこの教祖は、今まで地球上に現れた人間とは全く無縁の、異質な生物の境地になったと宣言しているのだが、本人も気づかなかったらしい。だから彼の教えに従った者は、人類なら決して体験し得ない非人間的なものになる以外に道はなかった。彼の言葉を信じた者が大きな社会問題を起こしたのは、当然の結果だった。

中には著名な知識人までが、彼を賞賛した。今もまだ、似たようなことを言って宣伝する宗教は多いのである。そんな普通の人間には無縁の心を望んで、いったい何者になろうと言うのだろうか?

私ども禅の修行者にも同じような話があった。悟って特殊な境地になったように言う者が山ほどいたのだ。だから古来、真に道を体得した禅者たちは、苦心して、ただその真偽を明らかにしたいがためだけに奔走した。

昔、もう充分に修行が完成したから、あとは熊野の山中にでも籠り、俗世間を離れて静かに暮らそうと思った二人の修行者がいた。九州を出て大阪に着いた二人は、ある寺に一泊したのだが、その投宿した部屋の壁に軸物が掛けられてある。見ると、「清浄な行者は涅槃《ねはん》に入らず、破戒《はかい》の比丘《びく》は地獄に堕《だ》せず」という偈頌《げじゅ》（禅者の詩）が書かれてある。

これは、仏典の『文殊所説摩訶般若経《もんじゅしょせつまかはんにゃきょう》』に説かれた言葉で、清浄な境地を悟った本物の修行者なら、決して仏のお悟り（涅槃）の中にはいません。戒律を破った不浄の比丘（僧）なら、迷いの中（地獄）には堕ちません、という意味である。

読んだ二人には外国語を聞くようで、さっぱりその意味が分からなかった。寺僧に尋ねると、駿河《するが》の白隠禅師（一六八五～一七六八）の書いたものだと言う。そこで改めて白隠の下で再修行することにしたのだが、「仏法にこんな深い見方があったとは」と、後に自らの浅慮《せんりょ》（考えが浅いこと）を大いに反省させられた。

無心ということ

真実悟った人は安らぎの境地にいなくて、破戒の者は苦しみの世界にいないと言うのだから、そんな馬鹿な話があるかと思われるだろう。だが、昔から禅の修行者は師よりこの話（公案）で試され、うっかり悟りこんだ清浄な境地が、全く世間には通用しない偽物だったことを思い知らされたのだ。

禅者はよく無心と言う。坐禅して無心を悟ると聞くと、雑念の多い人たちは驚いて、そんな何も考えないでおられるなんて、何とすごいことだろうと思う。

そうではない。禅で無心を言う時は、何にも考えないことを言うのではなかった。私たち人間を始め、宇宙一切の事物に貫いて、個々を自在に生み出させて止まないところの根源の創造性を言ったのだ。そんな創造性自体に直面してみると、具体的な実感が虚空になったかのようにも思われたから、無心と表現することになった。

ちょうどプロペラがフル回転している時は、無いように見える。無いのではない、もっとも活動の極みにある。それと同じで、我々が今行為していることに成りきり、全身心を挙げて活動している時は、誰でも自分だ他人だと思う余分な雑念がない。知らずに無心になって、澄み渡っている。するとそこに、私たちは充実を実感した。貫いている創造性に触れたからだ。

こんな体験は、一度や二度といわず、誰にもある。無心を悟ったから体験したのではない。悟ったから迷ったからと言うことには全く無関係で、どんな人の上にも貫いてくる無心だった。その事実に気づかず、世情の迷いに苦しむ心が、煩悶から逃れようと、一般の人間には具わっていないような高みに無心を望んでいる。未だかつて人間が悟ったことのない超解脱なら、全人類の安心にも全く無縁の体験だろう。だから、何とか早くそのことに気づかせようとする仏の教えが、誰をも安心させる教えになってきたのだ。

本当に修行ができた者なら、もう清浄な境地になど尻を据えてはいない。現実社会には、多くの迷い苦しむ人々がいる。だからその中に進んで飛び込み、当面する問題を何とか解決させようと走り回っている。そんな清浄な行者のことを、仏教では「菩薩」と呼んできた。ただ、世間の苦悩を我がことのように背負って懸命になっているから、全身心が自ずから澄み渡って、自分のことで思い迷う暇が少しもないのだ。

無論、そこに人類を超えるような特殊境地の体験など一寸もなかった。ないからこそ、人々と共に悩み苦しむことができて、それでいて本来の自由な創造性がついに損なわれぬことをよく納得していた。だから日々を、いつも澄んでおられたのだ。

地獄に生きる

では、破戒の比丘がなぜ地獄に堕ちないのか。

地獄は仏教用語で、生前に悪業を尽くした者が、その因果を受けて死後に堕ちゆくところとされる。しかし、地獄とはあの世のことだけではない。我々が人間関係の上で苦しみ、互いの愛憎に引きずり回されて生きる。その現実社会のことでもある。

白隠禅師にある武士が、「坊主は、極楽とか地獄とか言って、見たこともない世界のことをいかにもあるように法螺《ほら》を吹くが、いったいどんな証拠があって言うのか」と訊いた。禅師が「お前さん侍《さむらい》の癖に、そんなことも知らんのか。何と愚かな武士ではないか」と答えた。すると武士は激怒して「侍を愚弄《ぐろう》するとはけしからん」と、刀を抜いて斬りかかった。その刹那《せつな》「それ、その心が地獄じゃよ」。白隠がそう指摘すると、武士はハッとして手を止め、「これはその通りだった。ご無礼の段、平にお許しくだされ」と言う。白隠はニッコリ笑って「それ、その心が極楽じゃよ」と言ったという。

地獄、極楽と言っても、どちらもこの世に働く我が心の在り様のことだった。

さて、本物の破戒の比丘（欲に充ちた社会を逃げないで生きる道を選んだ者）なら世間の真っ只中にいて、我を忘れて奔走しているから、わざわざ地獄に堕ちる必要がないのだった。初めから地獄の中にいて、一切の責め苦を一身に受けて、懸命に働いているからだ。実はこの話、そんな意味を含んでいた。

ところで、私たちの生きる場所はなかなかに地獄である。この地球上に自然の法則を受けて生まれてきたのに、ただ自然に従っていただけでは生きられぬ存在になっているからだ。常に自然に逆らい、汗して人間の努力をしなければ、暮らしが立ちゆかないようにできている。うっかり油断して、自然に与えられた本能のまま好き勝手をすれば、すぐに人の道が廃《すた》れてゆく。戦争などはその最たるものであろう。

だから欲望を制御し、人道を定め、自然に対して謙虚に生きる必要があった。もし本能のままにあることを自由と思い、心を野放しにすれば、人間の欲望には限りがないから、他を無視してても自分を充たそうと願ってしまう。今その結果を受けて環境破壊は急激に進み、ようやく大問題になっているのである。

しかし、己の欲するままに生きて、いったい何が悪かったのか。そのお蔭で、皆、楽しく生きる力を得てきたのではないかと、そう思う者もあろう。

中庸《ちゅうよう》を得て生きることの楽しさを知らないから、そう思うのだ。

ある時は懸命に働き、ある時は楽しむ。ある時は争い、ある時は和《なご》む。その両方がなければ世界は決して調《ととの》わぬようになっていた。そうやって自然は全体の調和を保とうとしてきたのだ。

私たち人間は、時に、自分の都合に合わせて一方ばかりを求め過ぎる。例えばもし、全人類が平等に豊かさを得たなら、地球上の他の全生物は滅びるしかない。世界に極端な貧富の差があるのは人間の罪だが、そのお蔭で今日の日本の豊かさも成立してきたと気づかねばならない。単に思い込みの無心や自由、理想社会を正義と思い、安易に具体化させたら、即座に他方が崩れるようになっている。

その事実をよく納得してきた清浄の行者は、世間と共に生きる道を喜び、本物の破戒の比丘は、地獄の苦しみに迷える者を少しでも極楽に導こうと、我を忘れて奔走しているのだった。己《おのれ》一人悟り澄まして現実社会を卑下している者や、社会の不合理を叫んで他人を責めてばかりいる者には、思いもよらない境地が、そこにはあった。

転じる処、実によく幽なり

心は万境に随って転ず

インドのマヌラ尊者は、多数の仏教論文を著したことで知られる世親《せしん》（バシュバンズ尊者）の弟子と伝えられる。古い時代のことだから、本当の史実は定かではない。だが禅門では、お釈迦様の法を伝える第二十二代目の祖師として尊んできた。

そのマヌラ尊者が晩年に説いた偈《げ》（詩）に、

「心は万境に随って転ず。転ずる処、実によく幽《ゆう》なり。流れに随って性《しょう》を認得《にんとく》すれば、喜びも無く、また憂いも無し」

という句がある。

心はあらゆる状況（万境《ばんきょう》）に応じて、コロコロと転がっている。瞬時も一つの思いに固定されることがなく、常に変化して止まないものだ。今思ったことも、次の瞬間には新たな思いになってゆく。右を見た景色が、左を見た時にはもう、全く眼中に残っていないから、左の景色を正しく見ることができている。鐘の音をカーンと聞いた心は、即座にチュンチュンと鳴く声に応じて変化する。だから雀が鳴いていると正しく分かる。

そのように転々と休みなく変化している心の、その働きの基は何なのか。何者がそのように働いているのかと、子細に尋ねて見れば、実によく幽（実体が無いことの妙）と言うほかにない。水が、どんなに岩や根っこや地形の変化にさえぎられても、少しも拘《こだわ》らず、状況に随ってサラサラと流れゆく。そのように、心の本性も同様の働きを備えていた。そう悟ってみると、我々の喜び憂いというようなものも、岩や根っこのようなもので、心はそれに少しも逆らわずにコロコロ流れて、自在に働いているものだった。

この偈を解釈すれば、こんな意味にもなるだろう。

鎌倉時代に博多を中心に活躍した大応国師・南浦紹明《なんぽじょうみょう》禅師（一二三五～一三〇八）は、ある日、隣寺の門前にマヌラ尊者の偈が掲げられているのを見た。板に彫った物が、門の両脇に掛けてあったのだろう。そこで寺の僧に訊ねた。

「あなたの寺では、この語句のどの字を眼目にして学びますか」

「幽の字に要《かなめ》の意味があると教わります」

礼をして門前を去った後、国師が弟子に言った。

「この寺の僧たちは、猫の歳が来ても悟ることができないだろう」

十二支に猫の歳などないから、永遠に仏教の本質を悟ることはできないだろうとの意味である。弟子が驚いて、

「では、どの字を眼目にして学べばよいのでしょうか」

と訊ねると、

「転の一字じゃ」

と答えたという。

何も無いことが「空」ではない

この頃、無常や空や縁起といったことについて説明しているものを読むと、私はいつも、この話を思い出す。隣寺の僧と同じ学び方をしてきたように見えるからだ。

無常・空・縁起という語句は、仏教の考え方を代表するものである。一切のものは常に変化していて、少しも定まった姿かたちを持たないから、無常だという。その一々は、あらゆる縁（条

件）が微妙に関わり合い、集まって、ここに存在しているから、縁起という。また、そのように働く本体を求めんとすれば、縁によって集まったものは、即座に次の縁を受けて変化してゆくから、ついに見出せないで終わる。つまり実体は無くて、空だという。

『般若心経』は、今日の日本人にもよほど知られたお経らしく、書店にゆくと、解説書が山ほど出ている。そこで、手当たり次第に開いて、その「空」についての説明を見ると、やはり大半が上記の解釈になっている。無常と縁起の考え方の中で説かれているのだ。

歴代の祖師方のように、苦心の行を経て「空」ということの実際を体験したのではなく、学問上で語句の意味を研究した者が、頭だけの理解でつじつまを合わせようとすると、どうしてもこんな一辺倒の解釈に終わってしまう。禅者がもし、空についてこれと同じ見方をするようなら、大いにピントが外れていると言わねばならない。まさに、猫の歳がきてもついに宗旨に適うことができない見解なのだ。

仏教は、必ず、実体験を基にして説かれてきたものだった。西田幾多郎が『善の研究』（岩波文庫）の序文で言及したように、

「個人が（先に）あって経験（が）あるにあらず、経験（が先づ）あって個人（が）ある」のである。

『般若心経』は「空」について説かれたお経である。もともと『大般若波羅蜜多経《だいはんにゃはらみたきょう》』という大部のお経から、要《かなめ》の語句を抜き出して、小さくまとめたものだとされる。その『大般若波羅蜜多経』（漢語に翻訳されたもの六百巻がある）にある、『八千頌《じゅ》般若経』では、「空」が十八通りの見方に分けて説かれていて、その中にくり返し説かれていることも、「空」は何も無いことと同一ではないということである。

もし、実体が何も無いと見るのが「空」の考え方で、仏教の中心思想だとするなら、なぜその仏教から「慈悲」の教えが出てくるのか説明できなくなる。

奈良の法隆寺に保存されている「玉虫の厨子」は有名だが、厨子の側面に描かれている絵の一つは「捨身飼虎《しゃしんしこ》」である。これは、崖下に飢えた虎の親子を見た薩埵《さった》王子が、自らの身を投げ捨てて虎たちの餌にしたという、仏典（ジャータカ物語）に出る話である。以来、我が身を捨て尽くすことで世の平安を祈願した話が、無数に現れる。仏教の要の心がそこに込められていると信じられてきたからだ。

私ども禅宗の僧侶は、毎朝読経の最後に「四弘誓願文《しぐせいがんもん》」を称える。仏教徒として忘れてはならない四つの心を誓願したものである。中でも要の語句は「衆生無辺誓願度《しゅじょうむへんせいがんど》」で、この世に生きとし生けるもののうちで迷い苦しむものは無量にあろうが、私は、必ず済度してゆくことを誓い願ってゆきます、との意味である。こんな覚悟も、単に何も無いという「空」の理解からは、決して出てこない心だろう。

思惟する前の本性

仏教は、どうしたら人知を全く離れたところで、世界の実相を把握できるかと、そのことばかりを問題にしてきた教えだったと思う。

事物の本質を諦《あきら》めようとして、哲理を究め、どんなに精緻に論理を展開したとしても、人間は、人間にだけ備わった知性の働きからは逃《のが》れられない。事物そのものの全体をあるがままに捉えることは、ついにできないでいるのだ。

同じ湯飲み茶碗でも、人間は水分を採るための器としか見ないが、大地に投げ出しておけば、いつか土が溜まって、草花の温床にもなり、虫の棲家にもなる。草花や虫の方から見れば、人間とは全く異なる湯飲み茶碗の捉え方がある。

人間は己の勝手な解釈で世界を見て、それを人間特有の勝れた知性の働きと思っている。しかし、世界が人間の知性に合わせて創られた訳ではない。天災は思わぬ時にやってくるのだし、我々自身が常に明日の生死すらもままならぬ運命《さだめ》の中にある。始めから、知性とは無関係に転じている世界なのだった。

この事実に気づいた者は、古来、何とかして世界そのものに直面して、己が運命の正体を審《つまび》らかにしたいと願ってきた。「己とは何か」という問いも、結局は、我々をどこに運んでゆくか知りえない不安から起こされたのだ。

ならば、その人間特有の知性が働く以前のところに、運命を司る主体が問われねばならなかった。我々を存在せしめている、その主《ぬし》自体に直接出会う必要があった。それは結局、思惟《しゆい》（心の生起）する、その刹那《せつな》刹那のところに自己の本性を問いかけてゆくことでもあった。心が転ずる、まさにその時点を眼目にしてきたのは、そういう訳だった。

我々は音楽を聴いたり、山登りしたり、武道やスポーツで夢中になっている時、何度も、転ずるところに自己を没入させ、そこで思惟する自己を、思わず知らず忘却した。そうして、そんな時ほど、人生が充たされていたことはなかったのだ。なぜ、自己が全く忘れられているのに、充実してきたのか。問題はそのことだった。

白隠禅師（一六八五～一七六八）が内観の工夫として、見聞覚知する心の働きをすべて丹田に収めて、「今生じている心の主は、これ何者ぞ」と、どの瞬間も問い続けて止めないならば、あらゆる難透の公案が氷解してくると言われたのも、「転ずる」ところに実相を見出す具体的な方法を示されたのだ。もし禅師が言われたように工夫して止めないなら、全世界はそのまま我と一如に連なっていて、本来、何としても自他の区別が無かったことを悟るだろう。

そこで初めて、ただ実体が何にも無いという「空」ではなくて、姿かたちは全く捉えることができないのに、常に自在に慈悲となって溢れ出てくるところの、「空」の真諦を至るところに実感するのである。

達磨《だるま》の廓然無聖《かくねんむしょう》

座る場所が違う

ある宗派の大本山の管長さんは無欲で、百億を超えるお金を持っていても少しも使わないでいる。近頃そんな話を聞いた。

これを、無欲というのだろうか。世間には、お金さえあれば解決できる問題もたくさんある。ならば、もっと活用する道もあるのではないか。無論、お金で解決したために別の悲惨を生じることもあるから、使い方には慎重でなければならぬ。だが、僧侶が百億の金を自分の懐《ふところ》に蓄えているだけでよいのかと、つい思ってしまった。

若い頃、ある禅の老師に会いにゆくと、

「お前は、どこの僧堂に入るつもりだ。わしのところに来い。わしのところでは有名人がたくさん坐禅に来るから、いいぞ」

と言われて、テレビや新聞でよく知られる著名人の名前を、幾人もあげられたことがある。

また別の禅僧からも教えられた。

「君、坐禅するなら老師になるまで頑張らねばならぬぞ。老師になったら、坊さんたちと一緒に座っても、座る場所が違うからな。下々に座るのはみじめだぞ」と。

先頃、ＮＨＫの宗教番組を観ていたら、雲水として二十年近くも坐禅修行してきた外人さんが、禅のことを訊かれて、

「まだ、お釈迦様のような悟りを得ていませんから、よく分かりませんが……」

と答えていた。

禅は、昔から、人間の損得をすっかり離れたところに、無量の価値を見出してきた教えである。億の金を私物化したり、有名人との交流を自慢したり、座る位置の高低を気にするのは、人間社会一般の価値観であって、禅者の関わる問題ではない。

また、二十年も修行してきた者が、「まだ悟っていませんから」と言う。そう言わねばならぬこと自体が、おかしいのである。それは中には怠けて、年月だけを過ごした者もあるだろう。しかしどんな道でも、未熟者は未熟者なりに休まずコツコツと努めていれば、何がしかの真意を悟るものである。それが禅者にだけは、悟った者と悟ってない者とがあって、悟らぬ者はつ

いに禅が分からぬ者として終わる。

この頃は、公案修行の終わった者を悟った者と同一視する風潮があるから、公案修行の終わらなかった者は、終生禅に対して自信が持てない。反対に、終わった者は悟った者のように語って、得意である。例えどんなに世間的価値に捉われていても、終わらない者とは、心のレベルが違うのだと、何だかオウム真理教の教祖と同じようなことを言う禅者もある。

問題は、悟った者と悟らぬ者を分けてしまう、その捉え方にある。

禅の語録をよく読めば、古来、優れた禅者で、悟った者と悟らぬ者のレベルの違いを語った者はいない。人間の場所に座っているのではなく、本当は誰でも仏の場所に座っていることを、心底、納得してきたからだ。人間の悟りの有無など、一顧だにしないできた。そういう意味では、初めから座る場所が違っていたのだ。

仏法に功徳はない

インドから初めて梁国《りょう》に渡って来た菩提達磨大師《ぼだいだるまだいし》は、洛陽《らくよう》に滞在して、まずは武帝に見《まみ》えたという。

武帝は初代皇帝の蕭衍《しょうえん》（四六四～五四九）である。仏教を篤く信奉して、寺々を建立させ、数多《あまた》の僧侶を養成して、自らも教えに従って修行した。また袈裟をつけて仏典を講じたともいわれ、当時の人々は、帝を「仏心天子」と呼んだ。

そんな風であったから、仏教の本場インドから高僧が来朝したと聞いては、大いに喜んだことだろう。そこで、早速、訊ねた。

「自分は仏教に深く帰依してきた者である。多くの寺を建て、数多の僧侶を保護して、仏教の興隆にも努めてきた。そのことに、どれほどの功徳があったものだろうか」

達磨はこの問いには些《いささ》か驚かされたようだが、すぐに答えた。

「無功徳（功徳はありませぬ）」

武帝も驚いた。自分ほど仏教興隆に尽くしてきた者はいないと思っている。それなのに、釈尊伝来の仏法を修めたというインド僧は、そんな行為は「功徳が無い」と言うのだ。

帝は、たくさんの異母兄弟がある中で、苦労して帝位に登った人である。この時代、覇権争いに失敗すると、一族郎党皆殺しにされるのが一般だったから、無事に帝位につくことができたのは、仏教信仰の功徳のお蔭と思っていたかも知れない。

しかも、インドの高僧がわざわざ自分を訪ねて来る。それも我が帝位の尊さ故で、すべて仏の功徳というものではないのか。そう思うから、再度訊ねた。

「帝に対するものは、誰か。（いったい、そうやって帝位に相対している貴僧、あなたこそ何者ですか）」

あなただって、功徳を積まれたから高僧となられ、こうして梁の国にやって来ても皇帝に会うことができている。貴僧も、仏の功徳のお蔭を得た尊者ではないのか。いったい、どこが「無功徳」なのですか、と。

達磨はいとも簡潔に答えた。

「不識（識《し》らない）」

この言葉には、さすがに武帝も気づかされた。達磨大師は初めから仏法の要諦を答えているのだ。ならば、こちらも仏法の真髄を問わねばならない。

「如何なるか是れ、聖諦第一義（仏法の究極のところ、もっとも聖なる悟りの心とは、どのようなものでしょうか）」

すると、達磨は答えて言った。

「廓然無聖《かくねんむしょう》（虚空の果てなきように、カラリとして、聖なるものも何もない）」

こんな答え方には、武帝も取りつく島がない。

達磨も、これでは仏道の伝わる縁はないと思ったらしく、サッサと梁の国を去ってしまった。

後に揚子江を渡って魏の国に入り、今の少林寺の地に隠れて、九年間をひたすら面壁坐禅していたという。

果てのない大きさ

さて、「無功徳」と言い、「不識」と言い、「廓然無聖」と言う。こんな片々たる言葉に、いったいどんな真意が秘められているというのだろうか。

五祖法演禅師（？～一一〇四）が、かつて語ったことがある。

「ただ、この廓然無聖という真意を、もし悟る者があれば、我が家に帰ってゆったりと座っているような、大安楽の境地にいたと知るだろう。あらゆる苦悩の蔦《つた》を解き放って、迷妄を打破することでは、この達磨の一言ほど奇特なものはない」と。

五祖も「悟る者があれば」と言って、悟らぬ者と区別しているように見える。そうではない。

引力はニュートンによって、その在ることが証明された。だからと言って、ニュートンの確認後に引力が始まった訳ではない。宇宙創成の初めから働いてきたのである。

もし引力の在ることに気づけば、以後、誰でも、万物に引力が及んでいたこと、しかも永遠の働きだったことを納得する。五祖の言うところも、それと同じだった。一度悟ってみれば、初めから差別なく貫いていた「廓然無聖」と、誰もが気づくからである。

今の人はすぐに、「命が尊い」と言う。それならば、なぜ命が尊いのか、その意味がよく分かっているのだろうか。命あるお蔭で、今、私が生きている。だから、単に「自分の命は尊い」とばかり思っているのではないか。私どもは、元来、過去無量の死がなければ私になってこなかった者である。また、動植物の命の膨大な犠牲がなければ、刹那も存在し得なかった者でもある。野菜や、牛豚鶏の肉を食べることで命が保たれてきた。「命が尊い」と言っても、その内容は簡単ではないのだ。

命は人間の考える功徳や尊さを超えて、百億年以上もの宇宙を在らしめてきた。実にその働きは、「無功徳」故のフル活動である。また、命の重さや色や形、この世に現れて以来の年齢を問えば、「不識」である。大きさを言えば、実に果てしない。「廓然無聖」そのものである。私どもは、こんな命を頂いて、しかも命の内容のことなど思いもせぬまま自由自在に使ってきた。「廓然無聖」カラリとして、どんな尊さも及ばない大きな働きを、自らの心性の上にも見出した達磨だった。だから、人間社会の是非や悟りの有無を言う必要がなかった。言えば、他と比べて己を上等とする卑しさに堕してしまう。古来、達磨に続く者たちは皆そのことを知悉《ちしつ》してきたはずであった。

大いなるかな心や

心は、日月光明の表に出づ

「大いなるかな心や。天の高きは極むべからず、而《しか》るに心は天の上に出《い》づ。地の厚きは測るべからず、而るに心は地の下に出づ。日月《じつげつ》の光は踰《こ》ゆるべからず、而るに心は日月光明の表《ほか》に出づ」

（実に大きなものではないか、心は。天の高さは極めることもできないほど遼遠なのに、心はさらに、天の上をゆく高さを持っている。大地の厚さは測ることもできないほど悠深《ゆうしん》なのに、心はさらに、地の厚さの下をゆく深みがある。日月の光を超えて存在することなど誰もできないのに、心はさらに、日月の光明からもすっかり外れたところを照らしてゆく）

栄西禅師（一一四一～一二一五）の著述で知られる『興禅護国論《こうぜんごこくろん》』の序文に出る冒頭の言葉である。

この言葉を、現代のある禅学者が、「あまりに文学的修辞に過ぎる」と批判したことがある。美的に表現し過ぎると、読んだ人が美しさや大きさに捉われて、心の真相を見失うことを心配して言ったのだろう。しかしこの言い方、実は、栄西が心の実際を何とか正確に表現しようとした苦心の賜物なのだ。私は、日本人でこれほど詳細に心の在り様を表現した者は少ないと思っているのだが、現代人にはピンとこない表現なのかも知れない。

もっとも、ここで説かれている「心」は、私どもの日常一般に生じてくる、さまざまな意識や感情のことだけを言ったのではない。意識や感情を生み出させてくる、その主体を「心」と呼んだのである。禅者が「本性」とも「自性」とも名づけてきた、私どもを在らしめて止まない根本の働き、それ自体のことである。

栄西禅師には及びもしないが、私も工夫して、心の働きをこんな風に語ってみたことがある。「風は、冷たい空気が暖かい空気の上昇にともなって動かされたものである。なぜ冷たい空気は暖かい空気の方に動こうとするのか。暖められた空気が軽くなって上昇すると、その場所が真空になろうとする。この地球上では真空は存在し得ない環境にあるから、近くの冷たくて重い空気が、刹那にその穴を塞ごうとして一気に移動する。それで風が起こる。だから、見えないけれども、風が起こる時はいつも、中心に真空力が働いているのだ。我々の心も、姿形はなくとも、この真空力と同じような働き方をしている」と。

ところが、「単なる自然現象を言っただけではないか。心とどう関係があるのか」と、問い直されてしまった。自然現象と見るのも、私どもの心の一作用なのだが、こんな言い方も現代人には難しい理屈に聞こえてしまうようだ。

禅は「公案」の文化

禅は、古代中国の唐宋時代にもっとも興隆した。優れた禅者が無数に輩出した時代である。「己とは何か」「存在することの真意は何か」ということを真剣に問うた彼らは、師と弟子との問答応酬の中で、その真意を悟っていった。今日「公案」と呼ばれているものは、大半がそんな問答応酬の内容を問うたものである。

以来、「公案」を吟味し、点検してゆくことが、禅修行者の一番の工夫になっていった。だから禅を語るなら、何よりも公案を問題にしなければならないのだ。「公案」の真意をいかに捉えたか、自分ならそれにどう答えることができるのかを証明せねばならない。鎌倉時代に禅が伝来されてから、日本の禅者も、ただそのことばかりに工夫を凝らしてきたのである。

栄西禅師も、そんな新興の禅を伝えようとした者の一人だった。ところが、旧来の仏教者から激越な批判を浴びることになった。「禅の教えは、仏教ではない」と言うのだ。そこで、いかに禅が真正の仏法を伝えてきたかを、懸命に証明して見せた。それが『興禅護国論《こうぜんごこくろん》』である。現代の知識人には美辞麗句の羅列に見えようとも、日本人に分かる言い回しで、もっとも的確に伝えんとして工夫された、これは禅師の、血滴々の露出なのである。

実はこの文章、原文は漢文で書かれている。古代中国の文化を真似て漢文で表記することが、長い間、日本人の教養とされたからである。現代人は、英語が自在に操れる者を、一段上の知識人のように見る。それと同じように、昔の人も、漢文が中国人と同じほどに使えることを自負してきた。そこで、日本禅宗史を考察した鈴木大拙博士（一八七〇〜一九六六）も言われたのである。

「大燈国師や白隠禅師が禅の見解を述べるのに、平生胸中に蓄えておいた漢文学の知識の底をはたいたのも怪しむには足りないのである。しかし、これからはこんな書物は作られまい。白隠禅師がなくなられてから百五十年以上を経過した今日、そういつまでも旧態依然たるべきでもあるまいと思う。禅経験は他の方面に向かって表現のはけくちを求めることになるであろう。実はそうなくてはならないと、自分は信ずる」『（『禅宗史研究第四・槐安国語を読みて』より）

現代の禅者には、二つ三つの禅語録を、古人に倣《なら》って提唱するだけでは済まない問題がある。

この頃は、禅語を庶民にやさしく説くあまり、公案のうちにこめられた高邁な哲理を無視して語る学者も多いが、論外であろう。また、禅は無心になる道だとばかり、やたらに「無」への集中体験を勧める人もあるが、これだけで終わっては唐宋の禅者も形無しである。

禅はただ、存在することの確かな道理を、明らかにしてきた道である。それを、漢文が全く読めなくなってしまった現代人に、いかに伝えてゆくか。現代人がもっとも苦悩している問題をもって、公案（祖師方の真意）を展開してゆく他に方法はないと思う。

大虚を包んで、元気を孕《はら》むもの

『興禅護国論』序文の続きに、栄西禅師は言う。

「天地は我を待って覆載《ふさい》し、日月は我を待って運行し、四時は我を待って変化し、万物は我を待って発生す。大いなるかな心や。吾、已《や》むことを得ずして強《し》ひて之に名づく。是を最上乗と名づけ、また第一義と名づけ、また般若の実相と名づけ（略）また正法眼蔵《しょうぼうげんぞう》と名づけ、また涅槃妙心と名づく」

（一切は天に覆われ地に載せられて在る。その事実は、我が心の働きを待って証明されるのだ。太陽や月が巡るのも、四季が変化するのも、万物が生まれてくるのも、皆我が心の生ずるを待って行われてくる。何と大きなものではないか、心は。名づけることもできないが、強いて言えば、大乗の中でも最上の乗り物と名づけ、また第一義とも般若の実相とも正法眼蔵とも涅槃妙心とも名づけてきたのだ）

宇宙は万物を生み出したが、その生み出したものを、瞬時も初めの形のままに残すことがない。刻々新たにして止まないのだ。だからこそ、自由自在に万物を生み出すことができている。刹那にでも止まっていたなら、世界は即座に死に絶えていたのだ。人間の命と同じようにである。

私どもは人間という種類に限定されて創造されたが、刻々変化して止まらないという事実だけは、人間という種類を超えて平等に与えられてきた。だから、ついに、若いままではおられないし、死なずに済むことがない。この無常の在り様だけは、永遠に歳をとらずに、時間を超越して私どもの上に貫いてきたのだ。

しかも、この事実は、私が今ここに確かに生きることでしか証明されないでいる。宇宙がどんなに広大だからといって、私と無関係に在ったのではない。私も宇宙の創成力に与《あずか》って、ここに生まれてきた。私だけではない。空や海や山河大地に生息する一切の動植物が、宇宙の創成力の何がしかを受けて、ここに存在してきた。ならば反対に、宇宙の創成自体も、山河大地や海空に生息する一切によって、その在ることが証明されてきたのだと言っても間違いではないだろう。

実に私がここに在って、確かに生きてることで、始めて宇宙の創造性も証明されてきたのだ。何と大いなるものではないか、私どもも。だから栄西禅師も言われたのだった。

「心は、それ大虚（大いなる空っぽ）なのか、それとも元気（宇宙を働かせている大本のエネルギー）なのか。いや、心は大虚を包んで、そのうちに元気を孕《はら》んでいるものなのだ」と。

何とこの表現の、明快なこと。心とは何か。その真相を悟らないでは、迷いの人生から逃れられないことを確信してきた、禅師の親切に過ぎる説示であった。

宇宙が消滅する時は、仏性も滅びるのか？

地獄は一定のすみかぞかし

「奇なるや奇なるや、一切衆生は皆ことごとく仏性を具有す。（何とまあ不思議で、すばらしいことか。すべて生きとし生けるものは皆、初めから、仏性を具《そな》え持っていたのだ）」とは、釈尊が菩提樹の下でお悟りになった時、最初に発せられた言葉だとされる。

無論、実話ではない。後世、釈尊のお悟りの内容を教えに従って追体験してきた者たちが、そんな話にした。実際、存在の真意を一点の疑いもないところまで究明していった者は、誰でも、こう言うほかにはないことを納得させられたからだ。

では、一切衆生に具わっている「仏性」とは、いったいいかなる心の状況を言ったものだろうか。否、人間のいかなる心的状況もついに及ばない働きと気づいたから、「人性」と言わずに「仏性」と言ってきたのだ。

一切衆生に具わっているとするからには、そこに、毛ほどの差別があってもならなかった。例えば、修行して煩悩を離れた者は「仏性」を悟るが、修行もしない迷いの凡夫は、「仏性」を悟らないと見るなら、そこにはもう、悟りの人迷いの人という差別がある。

「仏性」は、そんな人間の迷悟や凡聖の差別概念に、瞬時も関わらない働きだった。それだからこそ、あらゆる存在の上に平等に行き渡って、自由自在にフル回転してきた。

優れた者にも劣った者にも遍《あまね》く貫いている真理だったから、釈尊は「一切衆生に具わっている」と確言された。善人にも悪人にも及んでいる「仏性」と自覚されたのだ。親鸞聖人が述懐された言葉も、同じ自覚に拠るものだったろう。

「己が力を尽くして修行すれば、ついには仏身を得ることができるという。けれども、どんな修行も及ばぬ愚かな我が身であれば、死後の地獄こそは、定まった住処《すみか》なのだ。こんな煩悩いっぱいの我らは、どんな修行をしても、生死の迷いから逃れることなどあるはずもないのだが、そんな悪人たちをこそ、一人も余さず救い取らんと誓われた阿弥陀様だった。だから、己の力で悟ることなどできない悪人の我らは、ただ自力を捨てて、ひたすらに阿弥陀様のお誓いに頼って行く他に、救われる道はないのです」（『歎異抄』）

「仏性」には差別がない

誰にも尊い「仏性」が具わっていることを信じて修行してゆけば、いつか仏の境地に近づくことができる。また、そんな仏の教えを守り、心を正しく調えて行けば、苦悩や迷いも失《な》くなり、幸せはそこから生まれてくる。極貧の生活からも解放され、戦争や災害からも免れる。あらゆる悪事にも無縁となって、日々を喜びと楽しみの中で送ることができるのだと、多くの仏教解説書に説いてある。大方は、嘘である。

「仏性」に、そんな差別はない。不運にして不幸で、貧乏で、戦争の止むことなき国に生まれ、また地震や火災、遭難に見舞われる。言われなき冤罪《えんざい》を被せられ、罪もなく殺される。日々は苦しみばかりで、楽しいことなど一つもない。修行して「仏性」を悟ることなど思いもよらない境遇にある。しかし、そんな悲惨な中にあっても、少しも欠けることなく及んでいる「仏性」と気づかされたからこそ、「一切衆生は皆ことごとく仏性を具有す」と宣言されたのだ。

古来、禅の祖師方も皆、釈尊のお悟りをそう納得してきた者たちだった。

ある僧が大隋《だいずい》和尚に問うた。

「お経に、『この宇宙の寿命が尽きる時は、全世界はことごとく劫火《ごうか》に見舞われて破滅する』と説かれていますが、いったいそんな時になったら、この「仏性」も破滅するのでしょうか、それとも破滅しないのでしょうか」

大隋「破滅するとも」

僧「どんなことがあっても、仏性だけは不滅と思ってきましたが、それでは宇宙の滅びるに随《したが》って無くなってしまうのですね」

大隋「仏性は、宇宙の破滅に随って行くばかりだ」（『碧巌録』第二十九則）

大隋は、四川省成都《せいと》にある大隋山の法真禅師（八三四〜九一九）のことである。この僧も大方の仏教解説者と同じように、修行して「仏性」を悟った者は、いかなる災難からも免れるように思っていた。だから、大隋の答えにはすっかり戸惑ってしまった。そこで、今度は投子《とうす》山に行き、投子大同《だいどう》禅師（八一九〜九一四）に参じた。

投子は、僧に訊いた。「ここに来る前は、誰について修行していたのか」

僧「はい。西蜀（今の四川省）の大隋禅師のところで修行していました」

投子「大隋には、どんな言葉があったのか」

そこで僧は、大隋との問答の様子をつぶさに語った。すると投子は驚き、大隋山の方に向かってはるかに香を焚き、三拝九拝して言った。

「西蜀に古仏《こぶつ》が出現しておられる。お前は直ぐに帰って師に参ずるがよかろう」

「古仏」とは、優れた禅者の境涯を讃える、最上級の誉め言葉である。僧はあわてて大隋のところに戻ったが、その時はもう大隋禅師は遷化された後だったという。

尊い仏教用語を山ほど覚えたとしても、「仏性」を差別上で捉えているなら、私どももこの僧と同じに、ウロチョロと言葉に追い回されて一生を終わることになる。

煩悩がそのままで菩提

「平等」と「差別」の言葉ほど現代に語られていることはない。それなのに、その精密な意味合いが曖昧《あいまい》にされてきたように思う。そのことが、結局、私どもの人生を甚《はなは》だしく虚無にしてきたのだ。平等に生きる権利が与えられていると教わりながら、現実社会には差別しかない。子供たちの多くは、テレビに出るような有名人になって、お金持ちになりたいと夢見るが、ある日、それは自分ではなかったと気づく。するともう、一切のやる気を失って閉じこもる。誰も平等に生きる機会が与えられているのに、なぜ自分だけは、他の成功者から外れているのかと思うのだ。

差別があるからこそ、生きることの真意が露わになってくるとは、誰も語らない。本当の平等性は、個々の上で、差別的に表現されるほかには正しく証明されないことも、説かれない。ただ、差別される側の苦しみを憐れむが故に、人間の勝手で、平等を無条件の正義と思い込んできた。無論、その平等観が、牛や豚や鶏に及ぶことはついに無い。

しかし私は、道を歩けば知らない人に「くそ坊主」と罵られ、子供から「ハゲ、ハゲ」と笑われ、突然に訪ねて来た人からは「こんな邪教の寺は、ぶっ壊してやる」と脅かされる。人は他人を差別用語で否定する権利を、平等に持っているらしい。

なぜか？　他と比べて己の優劣を確認することが、人間の一番の生きる力になってきたからだ。その基本の力を全否定して、現代社会の良識たちは、誰の心にも差別感のない平等な心を育ててゆこうと夢見てきた。

蟻地獄の穴に落ちた虫は、何度も外に這い上がろうとして、もがく。もがくけれども、ついに適《かな》わず、蟻地獄の餌食にされる。牛や豚や鶏や魚も、同じ苦しみの中にある。私どもは彼らの悲惨な末路を省《かえり》みないが、考えてみれば、人間も畜類虫魚と変わらない。多くの人の最後が、大抵は病気と老いと死の穴に堕とされ、もがき苦しんで終わるのである。

人生がそんな苦しみのものなら、その人生を避けず嫌わず、例え蟻地獄に堕ちても平気で餌食になってゆく道があってよい。もし、宇宙消滅の時に出会ったなら、少しも心が動揺しなければよい。私も若い頃、そんな夢を見たことがある。

しかし、大隋の一言は、世の良識者や私の夢など木っ端微塵《みじん》にした。今、宇宙が崩壊する、その崩壊自体が「仏性」の働きだと言うのだ。すさまじい勢いで崩壊しながら、そこに、休みもなく崩壊させているものが、躍動している。その働きの健全さ、正確さ。人間も、その躍動に与《あずか》ってここに生きてきた。この躍動だけは崩壊もせず、生死もせず、かえって自在に宇宙を消滅興隆させて、あらゆる生物に及んでは、無限に生死をくり返させている。

だから、煩悩の身をちゃんと生きると、即座に「菩提《さとり》」が露わになることが納得された。差別の環境を避けず嫌わず、あるがままに正しく受けてゆくことで、そこに無限の平等性が躍動していることが明らかにされるからだった。

第三章

禅の三昧の境地とは

法蔵比丘の四十八願

海水の言葉

ある日、Aさんは海辺に出て、柄杓《ひしゃく》で一杯の海水を汲《く》み上げた。別の時、Bさんも柄杓に一杯の海水を汲んだ。Cさんも Dさんも汲んだ。世界中の人々が、色んな場所で、さまざまな時間に柄杓で海水を汲んだ。誰もが汲んだ海水を自分のために使ったから、汲んだ海水は同じ大洋からのものだったが、その用途は皆異なった。そこで、AさんもBさんも、CさんもDさんも、世界中の人々も皆、自分で汲んで自分のために利用したから、柄杓の中の水は自分の海水だと言った。

だが、海水は言うのだ。

「誰もが、私を汲んだのです。どの人が汲んでも、それぞれが別の水を得たのではないのです。どれも同じ私を汲み上げたことには違いないのです」と。

この海水の言葉こそ、私たちを根本から在《あ》らしめて止《や》まないものの、実相（真実の姿）を示している。現代人は、その水を「命」とか「永遠」と呼ぶだろう。宗教家は「造物主」や「神」と呼び、儒者は「天」と、仏教者は「仏性」とも「霊性」とも呼んできた。しかし、なんと呼ぼうと、実相を悟った者にとっては、皆、同じものの異名なのだ。

『浄土三部経』は「大無量寿経《だいむりょうじゅきょう》」「観《かん》無量寿経」「阿弥陀経《あみだきょう》」の三経を集めた、浄土思想を代表する大乗経の仏典である。日本でも浄土宗や浄土真宗が教えの拠り所にしてきた。中でも「大無量寿経」は、阿弥陀如来の四十八願が説かれたことで知られ、そこでは、まず、阿弥陀如来の前身が、お釈迦様によって説き出される。

昔々、はるか大昔に、一人の国王がいた。ある時、世自在王《せじざいおう》如来という仏様が説法するのを聞いた王は、深い喜びに包まれ、そのまま王位を捨てて如来のもとで出家してしまったという。僧名を与えられ「法蔵比丘《ほうぞうびく》」と呼ばれるようになった王は、感激して、修行への決意も新たに、訊《たず》ねた。

「どのように修行すれば生死《しょうじ》の苦しみから逃れることができるのでしょうか」

如来は答えて言った。

「もし大海の水をすべて升《ます》で量り尽くそうと思いたち、たった一人で汲み始めたとして、生まれ変わり死に変わり無限に勤めてゆくなら、ついには底を窮《きわ》めて、妙法を得ることができよう。そのように至心に道を求めて止まないなら、どんな願いでも、必ず成就しないことはないのだ」と。

法蔵比丘は教えの通りに修行して、やがて一点の穢《けが》れもない、澄んで清浄そのものの境地になり切った。そこで法蔵比丘は、初めて多くの大衆の前で法を説いた。それが「四十八願」と呼ばれてきたもので、比丘の仏法への深い決意と願いを述べたものである。

一切を救わんとの願い

「たとい私が仏心を悟ったとしても、私の国中に一人でも地獄や餓鬼、畜生の心で苦しむ者があるなら、私は正覚《しょうがく》（正しい悟り）に安住しようとは願いません」（1）

「たとい私が仏になったとしても、もし国中の者が、皆、無量・百千億の国々で説かれている仏の説法をことごとく聞いて悟るのでなければ、私は正覚に安住しようとは願いません」（7）

「たとい私が仏となることができても、もし国中に一人でも不善の者があるなら、私は正覚に安住しようとは願いません」（16）

「たとい私が仏になっても、その時全宇宙いっぱいの仏様たちが、皆、私の名前を讃えて喜んでくださるようでなければ、私は正覚に安住しようとは願いません」(17)

「たとい私が仏となっても、一切の生きとし生けるものらが、皆、私と同じ仏国土に生まれたいと願い、真の信心をもって私の名前を十度でも称えた時、私が即座にそこに至らないようなら、私は正覚に安住しようとは願いません」(18)

「たとい私が仏となっても、国中の菩薩たちが一切の知恵を尽くして法を説くようでなければ、私は正覚に安住しようとは願いません」(25)

法蔵比丘の四十八の願いは、すべて、このような言葉で尽くされている。

つまり、私がどんなに深く仏心を悟って、迷い苦しみもすべて無くなり、心が宇宙の果てまで澄み渡るようになったとしても、もしこの世に一人でもそうでない人があるなら、私はそんな悟りの世界に瞬時も尻を据えることはありません。一切衆生を余すことなく救って、一人残らず真実世界に安住させるまでは、との誓いであった。

その誓願の尊さに感動して、大地も大きく揺れ、天からは賛嘆の花びらが雨のように降りそそいだ。比丘の大願は、そのまま修行の深い原動力となって尽くされたから、やがてすべての徳に満たされて、仏道が成就される。仏たちも以後、「無量寿仏」とか「無礙光《むげこう》如来」とか「阿弥陀如来」と尊称して、法蔵比丘の威徳を大いに賛嘆したのだった。

以上は漢訳仏典の一部分を、私が勝手な解釈で要約したものである。

現代人はこのような譬え話を聞くと、古代インド人の想像力の豊かさに驚き、大いなる嘘物語のように思うだろう。

だが、ひとたび事物の実相（虚像ではない、真実の在り方）を明らかにしたいと願い、ひたすら修行の道に身を晒《さら》して、ついに途中で投げ出すことなく努めた者なら、必ず、これらの言葉のうちにこそ、もっとも存在の真意が象徴されていたのだと悟る。

新たな命を継ぎ足してゆく

「秋に木の葉が散るのは、春に芽吹こうとする新たな命に押されるからだ」と言った人がある。滅びることとは、新たに生まれ出るための準備である。生まれることとは、次の世代に連なるための旅立ちである。あらゆる生物にとって今を生きる意味は、ただ次代に己の分身を遺《のこ》すことにある。人間にも、子のある者は子孫に子育ての知恵を授ける義務が負わされ、子なき者は、先祖の歴史を伝えるための務めが課せられてきた。かくして、この世にある、ありとあらゆる生命体は、皆、自らの命を新たな命に継ぎ足してゆかんとする、無限の創造性に与《あずか》って、今ここに在らしめられてきた。

その創造性は、また、山や河、鉱物や無機物の上にも及ぶ。この世のあらゆる事物は刻々と変化して止むことがない。いかなる現象も、過去に積み重ねてきた条件の上に新たな状況を継ぎ足してゆくことで、今を在らしめてきたこと、生命体に同じである。

目にも見えず耳にも捉えられぬが、かかる根源的な働きとしての創造性が及ばないところは、この世のどこにもない。差別を超えて一切の上で平等に働き、瞬時も外れることがないから、「無量寿」とも「無碍光《むげこう》」とも呼んできた。

それを人間の方から見れば、皆、個々になった働きと映る。我が人生は、他人とは全く別物なのだ。しかし如来（無限の創造性そのもの）の方から見れば、どんな人生も「一人として余すことなく救わん」としてきた誓いの一々である。

実は、如来の「一切を救わずにはおかない」という誓いは、海水の言葉と同じである。唯一無二で、他はない。それを人間の方から数えるから四十八にもなった。否、仔細に数えれば、百億にも千億にもなるだろう。存在のある限りは、その存在のすべてに及んで個々を尽くさせんとしてきたからだ。

なぜ私が、こんなことをクドクド述べるのかと言えば、阿弥陀如来が「救わずにはおかぬ」

と誓われたのだから、凡夫の我々はただその言葉を無条件に信じてゆけばよいと、そのことばかりが説かれるからだ。信と不信とに関わらず、如来の誓願はいつでも誰にでも及んでいるという事実を忘れてはならないと思う。

世の中には、死ぬまで仏法を信じない者もたくさんいる。その者に仏の救いはないのか。戦争は悪である。だが戦争に参加せざるを得なかった者も、古来、無量にある。彼らに如来の救いは無縁だったのか?

そんなはずはない。もし無縁なら、すべてを救わんと誓われた仏様ではない。戦火の人殺しのど真ん中にも外れることのない誓願があったと見なければならない。

では、どこに救いがあったというのか。あるなら、なぜ殺し合ったのか。殺さないためにはどんな信心が必要だったのか。それを諦《あきら》めてゆくところからまず宗教が問われなければ、本当の信仰にならぬと思うのだが、どうだろうか。

富士山が水上を渡ってゆく

読経三昧の道

読経は僧侶のもっぱら専門とする行事である。

各宗派によって読むお経は異なるが、日本仏教では、大半が大乗仏教の経典から選ばれたものを読む。私の属する臨済宗でも、主として金剛経や楞厳呪《りょうごんしゅ》、観音経、大悲呪《だいひしゅ》、般若心経などが読まれてきた。

一般に、法要で僧侶の読経を聞いた人の多くが、お経とは死者の魂を鎮めるための特殊な霊力が秘められた呪文のように思っている。お経に接する機会が、葬式の時だけという人もあるから仕方ないのだが。

お経は、釈尊が一代の説法を集大成したものである。現代では学問的な研究がすすみ、仏典の多くが釈尊の死後に創作されたものだということが明らかになっている。それでも体験上、釈尊のお悟りから外れた説法は少ないと信じられてきたから、遺された膨大な経典類は、今日も聖典として大事に扱われている。僧侶はそれぞれ、宗派の教えを代表する経典を選び、そこに説かれたことの真意を読み取ってゆくことで仏道を修めてきた。

ひたすら読経して、選ばれた経典を空《そら》で読めるほどに記憶することと、経典の内容を正しく理解し、悟り、日常の中で具体的に実践できるよう、たゆまず工夫してゆくことが修行の要《かなめ》である。

読経の時は、雑念が一瞬も入らないようお経に成りきり、心身一如になって読んでゆく必要があった。若い頃、川村理助の『体験の生活』（培風社・大正十三年刊）という本を読んだら、著者は毎朝「般若心経」を読誦した後、最後に記されている「ギャーテイ、ギャーテイ、ハーラーギャーテイ、ハラソウギャーテイ、ボージーソワカ」という呪文を何百回もくり返し唱えたとある。唱えている途中にともすれば雑念が入るが、その時こそ一層声を張り上げて雑念を払い、息の続くかぎり唱えては急に吸い上げ、また力をこめて一心不乱に唱えてゆく。

そのようにくり返し努めてゆくと、段々に統一してきて、身体の在り場所さえ知れなくなり、やがて、天地ただ声帯の振動ばかりになってくる。そうなると読経を止め、しばらくは息があるかなきかの間に止めていると、心身がすべて脱落して、一切の形容を絶した忘我の境地になったという。自己が完全に統一したのだ。

川村氏は亡くなった奥さんの仏前で、毎朝このような修行をしたのだが、その効験は著しく、当時、日々に困難な仕事が山積みしていたが、懈怠《けたい》に陥ることもなく気力いっぱいに働くことができたという。

耳で読む

お経を読むということは、このように行じてゆくことである。一念でも余念が入るようなら、真の読経とは言えない。古人もこのことでは随分苦心されたようで、白隠禅師の弟子の東嶺《とうれい》禅師（一七二一〜一七九二）も、

「お経を読む時は、目で読まないで耳で読め」

と、親切に示している。

私もこの一言には、どれほど助けられたか知れない。空で覚えたままに気を許して読んでいると、声はお経でも、心は上の空という在り様を幾度となく体験したからだ。そんな雑念読経を逃れる道は、ただ、自分の声を耳に聞いて寸時も離さず、余念の入る暇が無いほどに、一字一字音声に成りきって唱えてゆくほかにない。

これを読経三昧《ざんまい》の工夫《くふう》という。

もっともこの工夫、読経だけの修行法ではない。どんなことに対しても身体がすっかり無くなるほどに統一して、当面の事物に成りきってゆくことが、己を真実にする一番の近道である。何かに夢中になって我を忘れ、ひたすら無心に働いた時は、誰でも心底からの充実を体験してきたからである。

しかしこの三昧体験は、実は修行したから身につくというものではなかった。どんな人も三昧の中で生きているところがあるからだ。三昧の中に生まれ、三昧の中で生き、三昧の中に死んでゆく。私たちは本来、三昧でなければ一時も生きておられない者だった。目や耳や鼻や口、手足に体、内臓など、人間器官の働きようをみれば、そのことがすぐに分かるのである。

人間の身体は日々、瞬時も休むことなくその機能をフル稼働させてきた。どこか血液の循環が休息していたり、細胞の代謝が昼寝をしていたということはついになかった。私たちが身勝手な無理を強いるから、困難な状況を山ほど処理しなければ済まないが、死で終わりが与えられるまでは、時に百年以上も活動してくれるのである。何と不思議で微妙な働きがなされているることだろう。三昧でなければ、こんなに働けるはずもなかった。

ただ、そんなことには少しも気づかず、私たちは大半、頭脳部分の満足ばかりを図っている。

全体を忘れて一部分の機能だけを思い通りにしようと願えば、身心のバランスは崩れて、日々が苦しみになるのは当然だろう。今日、環境汚染が重大問題になってきたのも、地球は無量の生命体が結集して創造されたものなのに、それを忘れて、思考能力が長《た》けた人間部分だけの快適を求め過ぎた結果だった。

だから一たびは修行させて、皆、その大事なところに気づく必要があった。

三昧体験を、坐禅や読経の中で工夫し、掃除や畑仕事や食事や入浴の中でも、行住坐臥《ぎょうじゅうざが》の一々の上で綿密に工夫してゆく。昔から僧侶はそのように工夫することで修行してきた。しかし、人間はすぐに楽を願い、横道に反《そ》れようとする者である。そこで、工夫の在り方が我がまま勝手にならぬよう、師について、先人の体験に照らされ、点検されて、正される必要があった。

東山が水上を行く

どんな先人の体験があったというのだろうか。例えば禅ではこんな話があった。

中国は唐の時代に、一人の僧が雲門文偃《うんもんぶんえん》禅師（八六四〜九四九）に質問した。

「諸仏がこの世に出現されているところは、どういうところですか」

雲門が答えて言った。

「東山が水上を渡って行く」と。

仏教の考え方からすれば、宇宙は無量の仏たちで満ちているものである。しかしそうは聞いても、誰もその姿を見た者がない。ではいったい、仏たちはどこに姿を現しているというのか。僧の質問は、こんな意味だったろう。

すると雲門禅師がすぐに、「東山が水上を渡って行くではないか」と答えて、仏の姿をピタリと言い表した。この言葉、日本なら「富士山が浜名湖の上を渡る」と言うところだ。

しかし、こんな話を聞くと、山が水上を渡るなんてことがあるものかと思うのが私たち一般の常識である。だが、人間が歩けることですら、思えば不思議の極みなのだから、山が水上を渡るぐらいで驚いてはいけない。たった二本の脚を巧みに操り、全身のバランスを保ちながら交互に踏ませ、その気になれば世界中を股に掛けて歩くことだってできる。私たちの脚にもすごい働きが秘められているのだ。

東海の天高くに富士山を突出せしめた宇宙の働きが、また、琵琶湖や浜名湖をも創造させた。ならばどうして、その創造性が人間の脚力にも及んでないと言えようか。

真に読経三昧になって、川村氏のごとく自分も他人もない空っぽになり身心脱落《しんじんだつらく》の境地を体験した者なら、こんな話を苦もなく了解するだろう。まずは三昧になり、その三昧すら忘れ果てるほどの統一を体験してみる必要がある。そうではなく、相変わらず何の話かさっぱり分からず手も足も出せぬと言うなら、まだ真実読経に成りきったことがないからだ。成りきらぬ雑念読経を何万遍唱えても、効験のあるはずもない。

二宮尊徳翁の歌にも、「音もなく香もなくつねに天地は書かざる経をくり返しつつ」とあった。宇宙は、釈尊のお経（三昧の具体を説いたもの）の真意で満ち充ちているというのである。別に仏の音声《おんじょう》が聞こえてくるわけではない。妙なる香りが漂うのでもない。しかし、よくよく天地の創造性に己が全存在を通わせてみれば、富士山が聳《そび》えるのも、大海が波立つのも、草木が風になびくのも、私がここで息するのも、皆、仏の三昧の一々だった。皆、無量の命に包まれた広大な中を行くばかりで、外れた者は一人もいないのだった。

お経を、ただ死者の専用物と思わないでもらいたい。今ここに生ある者を、常に真実にあらしめんとして、懸命に説かれたものなのである。

尻尾だけが、なぜ通過しない

誰も同じ考えにはなれない

「物をどのように見ようと、我々は自分の視点でしか見ない」と言うのは、その通りである。例えば同じ一本の菊の花を見ても、見る人の経験や気持ちの在り様で、全く異なった思いを抱くことになる。私も父が亡くなった日、小菊が風に揺れるのを見て、思わず胸がつまったことがある。しかし、その気持ちを具《つぶさ》に他人に伝えることはできない。私一人だけの感情である。

兄弟姉妹の間でも、同じ親から生まれて十年余は共に育っていながら、話してみると両親に対する思いがそれぞれに違っていて、驚かされる。

人は皆、自分の個人的経験を通してのみ他を確認しようとするから、互いの思いを共通にするというようなことは、ついに無い。無論、人と意見が一致したと思われることはあろう。だが仔細に見れば、偶々《たまたま》部分が似たように感じただけで、中身はかなり違う意味で理解していたということの方が多い。

だから夫婦喧嘩なども、あれは、夫婦なのだから考え方は同じになるはずだ、愛があるなら別々の思いになるはずがないという、単なる甘えの錯覚で起こる。兄弟姉妹だって考え方が違うのだから、他家で育った者同士がぴったり同じ思いになることなど、決してない。あると言うなら、お互いが錯覚しているだけである。その錯覚も三年変わらないでいる者は、稀だろう。生まれも育ちも違うのだから、考え方が異なるのは当然なのだと思えば、喧嘩も起きないだろう。第一、どんなにしても男が女の気持ちを正しく分かるものではないし、女だって男の気持ちを精《くわ》しく知ることはできない。女体と男体の本質的な違いを思えば、考え方感じ方を同じにすること自体が無理というものである。

しかし、それでも私どもは、お互いの心が通い合ったと思うことは何度もあったのだ。だからこそ、昔から、他人同士が集って共同生活をすることが可能だった。また、人間だけではなく、犬猫や牛馬の気持ちが分かることもあった。時には花や木や魚や、山や川の心まで感じたこともある。なぜそんな風に、意識も存在の仕方も全く異なる物と、自分とが、共感したように思えたのか。あるいは、それも錯覚に過ぎなかったのだろうか。

実は、誰も、互いの考え方や意識、姿かたちの違いで交流したりしなかったりするのではないからだった。出会いの初めは、いつも、見ることも取り出すこともできないところで、互いを関わらせてきたのだ。

止まっているのに動いている

昔、五祖法演《ほうえん》禅師（?～一一〇四）が訊いた。

「例えば、水牛が格子窓の外を通り過ぎて行くようなものだ。頭も角も四本の足も皆通り過ぎたというのに、どうして尻尾だけが通り過ぎることができないでいるのか」と。

この問いかけも禅の公案の一つである。しかも、我々臨済宗の修行者にとっては、一大難透（最も悟ることの難しい）の問題とされてきた公案である。

五祖法演は北宋時代（九六〇～一一二六）の禅僧である。ある時、屋内から格子窓の外を眺めていたら、一頭の水牛が通ってゆくのを見た。すると急に、そんな景色のうちにも深甚なる道理が貫かれていることを直感した。水牛だけではない。目前を人も馬も驢馬《ろば》も犬も、車も、休みなく現れては去ってゆくのだ。それでいて、ついに尻尾だけは通過して行くことがないという、一つの確かな事実があった。

そこで五祖は、自らの本性を見究めようと日々修行に余念のない雲水（修行僧）や在家者の中にも、このことに気づいた者がいるかも知れないと思った。だから、改めてこの問題をそのまま投げ出してみたのだ。

さて、我々は時にこんな体験をしたことがあるのではないか。ホームで電車に乗って出発を待っていると、いつの間にかスルスルと動き始めている。それにしては静かな出発の仕方だったなと、少し不審に思っていると、急に、「そうか、動いているのは自分の方ではなく隣の電車だった」と気づくような体験である。あれは、一つは意識の錯覚である。自分が動いていることを、いつも周囲の景色が移動することで確認してきたから、つい、その癖で見てしまった。目の前が動けば、自分が動いているように感じてしまった。

だから逆に、自分は動いているのに、周囲が動いてくれないと、今度は自分が止まっているように錯覚する。真っ暗闇の中で動いてみると、そのことがよく分かる。景色の移動が全く見えないから、動いても、自分が動いている実感を少しも掴《つか》めない。もっとも、暗黒の中で、壁のような物に身体が触れたとたん、自分の動きが確認される。触感が壁を通して移動を伝えるからだ。

このように、我々はいつも視覚・聴覚・嗅覚・味覚・触覚（目・耳・鼻・舌・身体の働き）を通して、己の在ることを意識してきた者だった。もし、この五感が全く閉じられた状況になれば、意識自体も働きようがなくなるのである。ということはまた、その逆もあって、意識があやふやになれば、五感の働きも不明になってくる。意識の働きと五感の働きとは不即不離の関係にあると言える。

何としても外せない事実

しかし、この止まっている電車が動いているように感じる体験は、面白い。実は他にも、同じような錯覚がたくさんあった。例えば、水の流れを眺めていると、自分が流れているように感じてしまう。枝が風に揺れるのを見ていると、自分が枝になって揺れているように思う。大空を眺めていると、つい溶け込んでしまい、自分が大空だったりもする。

これらは皆、意識的には一つの錯覚なのだろうが、錯覚とばかりは言い切れない事実も、そこにある。己が動いたり、流れたり、揺れたり、広大だったりしてきた体験が、意識以前の心底に蓄積されていたから、そう感じることができた。もし、何の体験も蓄えられていなかったなら、我々は、意識も五感も働かせることができないままで終わっただろう。

例えば夢中になって仕事をしている時、遠くで鐘の音を聞く。意識は仕事の上にかかりっきりなのに、心は自ずから鐘の音と捉えて、決して誤って汽車の音だとは聞かない。意識が音に向いていないのに、ちゃんと正しく鐘の音と捉えるのは、意識が始まる以前の心に、かつて鐘の音を捉えた体験の蓄積があるからだった。

どうも、そんな蓄積されてきた心底の体験と、目前のさまざまに現れる事象とを、我々は常に一致させたいと願ってきたように思う。私どもがなぜ生きることに拘《こだわ》るのかと言えば、自分と、目前に出会う物とを正しく（つまり違和感なく）統一させたい、その一体感を意識上で確認したいと願うからだった。だから、自分と他との関係に不一致を感じる時、我々は苦しみ悩むのである。不一致は、ただ、心底の体験を無視して、勝手な思い込みの私欲に自己の五感を一致させようとすることに因《よ》るのだった。

赤い花を見る。花と自分との間に隙間《すきま》がないと、花は美しい。その時、我々は赤い花である。意識以前の心底に蓄積された体験が、今花を見た体験を統一させているのだ。我々は見る、それは見る物との調和を願うからだ。我々は聞く、それは聞こえる物との一体を求めるからだ。我々は進む、それは目的に近づき、目的と自分とを一如にしたいからだ。

我々は、目前に現れては去り、去っては現れる個々の事象を、五感の働きを通して受け、受けたとたんに、それらと意識とのまったき統一を確認しようとした。どんな事象の上にも、自己の統一と同じ体験を見い出そうとしたのだ。そして、その統一を正しく確認できない時、我々は道を失ったように思った。

なぜだろうか。何者がそんな風に心底の体験を促し、自他の一致を求めさせるのだろうか。実はその者を、私どもは見ることも取り出すこともできないでいるのだ。しかし、できないけれども、休みなく促しが働いてきたことだけは確かである。だから、何としても外すことのできない一つの事実と言うほかになかった。格子窓の外を、ついに通り過ぎることができない尻尾である。

禅の祖師方は、皆、この尻尾のところで共感し合ってきた。各人、視点は異なると言っても勝手に語ってきたのではない。我々の心底の体験ばかりか、宇宙をも統一させてきた尻尾のことばかりを、今に至るも語り続けているのだ。

日々是好日

お地蔵様の願い

ある日、路傍のお地蔵様に泥棒がお祈りをしていた。

「どうか首尾よく大金持ちの家に忍びこんで、ごっそりお宝を盗んでこられますように」

お地蔵様は何も答えないで、ただ黙って立っているばかりだった。

別の日、大金持ちがやって来てお祈りをした。

「どうか泥棒に財産を盗られませんように、私どもの家をお守りください」

お地蔵さんは、やはり何も答えることなく黙って立っていた。

この、泥棒の希望にも大金持ちの願いにも、どちらにも答えることなく黙っているところが、偉いと言った人がある。なぜだろうか。

一般はそうは思わない。せっかく供物を捧げてお祈りしたのだから、何か答えがあってもよかろうと思う。また、泥棒の希望にまでわざわざ答える必要はないだろうとも思う。良い人の願いは聞き入れても、悪い人の祈りは聞かずたしなめてゆくのが、仏様の仕事ではないかとも思う。

どちらも、仏様の心を勘違いしているのだ。仏心は決して人心ではない。人心は常に差別するのである。自分にとって都合の良い方だけを正しいとしたい。だから人によって、それぞれに正しさが違う。絶対の正義などというものは、ついに無いのが人心だった。時代により人種により、国や町や自然の環境の違いによって、人間の正しさの価値観はコロコロ変化してきた。自分の家庭内ですら、夫婦兄弟間の正しさが調和しなくて苦しむ人がある。そのように人心でいる限りは、いつまで経っても普遍的な正しさを見出せないできたから、私どもは内心で、無意識のうちにも変わらぬ永遠性（仏心ともいう）を求めてきたのである。

お地蔵様がどちらにも返事をしなかったのは、一方の希望を聞き入れれば差別になり、仏心を限定するからだった。お地蔵様は、仏典によると、人の行き交う路傍に下りて泥まみれ埃《ほこり》まみれになりながら、衆生済度に奔走している仏様だという。

お地蔵様が願うのは、私どもが欲する物をサンタクロースのようにプレゼントすることではなく、どんな時代どんな環境にあっても変わることのない、普遍的な安心を与えてゆくことだった。それも、善し悪しの区別なく、一切の上に平等に及ぼしてゆきたいと願って止まない仏様だったから、願王菩薩とも呼ばれてきた。だから偉いと言ったのだ。

今日只今を救済してゆく

お地蔵様だけではない。諸々の仏たちが皆、一切の事物の上に自らの働きを平等に及ぼすことで、宇宙そのものを在らしめてきた。自分の目で見たことしか信じない者は、こんな話も、坊主の嘘物語に思うだろう。だが、古来、生きることの真意を明らかにしたいと願って、己が存在の根底まで下りて追求してきた者たちは、そんな仏様の差別なき深い智慧によってのみ、一切がこの世に存在してきたことを、確かに確かに納得してきたのである。禅者もその一群だった。

むかし雲門《うんもん》大師が修行者たちに問うた。

「十五日以前のことはもうお前たちに問わない。十五日以後のことについて一句で言うことができるか、どうだ」と。

誰も答える者がなかったので、雲門自らが代わって答えた。「毎日毎日が、すばらしい日だ」と。

この最後の言葉を漢文では「日々是好日《ひびこれこうじつ》」と記す。この語、どういう訳かお茶人たちに好まれ、私の師も頼まれて何度も書いていた。しかし、「毎日が好日なら良い」というだけの、単純な意味ではない。雲門の真意は別にあるのだ。

雲門は唐の時代、韶州《しょうしゅう》の曲江に雲門山光泰禅院を開いた文偃《ぶんえん》禅師（八六四〜九四九）である。門下に修行者が多数集まり隆盛だったことから、後に雲門宗が興され、その開祖とされた。

十五日以前とは、我々が経験してきた昨日までのすべてである。それらはすでに過ぎ去って、今はもう無いから、そのことの是非についてあれこれ問うことは止めよう。しかし、今日以後のことについては、ハッキリしておく必要があるのではないか。今日を救済しうる確かな道理、人生観がなければ、明日からの日々も安心して生きられないのだから。

さあ、一言でもって真に納得できる道理を言い切ることができる者があるか。あるなら、言ってみよ。雲門の問いは、こんな意味でもあったろう。

しかしこれは、ただ、未来の希望を述べよという問いではない。雲門は、今日只今を真に安心せしめることで、一切衆生（生きとし生ける者、皆）を永遠に救済し得る道を、一言でもって定めよと迫ったのだ。しかし、そんな大変なことを一言で答えられる者は稀であろう。仕方ないから、雲門はまた、自分の出した質問に自分で答えるほかになかった。

「日々が新たに生まれてくる。その生みの主体に、刻々出会ってゆくことほど、好《よ》きことはない」と。

日々「有難い」を生きる

最近、又聞きで耳にしたことだから、名前も知らない人の話である。

両親が教会を建ててしまうほどの篤い信者だったために、幼児よりキリスト教の信仰の中で育った女性がいた。ところが縁は奇なもので、彼女が恋愛して嫁ぐことになった男性の一家は、浄土真宗の信者だった。

故郷の家を出て北陸地方で暮らすことになった彼女、夫の仕事は出張が多くて留守がちだった。見知らぬ他国で、初めての義父母との共同生活は、精神的負担も重いはずだった。ところが少しも苦労がなかった。舅《しゅうと》姑《しゅうとめ》がどんなことにも喜んで協力してくれるからだった。

特に姑は、何につけても日々「有難い」を言わねば済まぬ人だった。朝目が覚めれば、「今日も無事に目が覚めた、有難い」、食事を摂《と》れば「また食べることができる、ああ有難い」、両手を挙げては「手が動く、有難う」、歩いては「足よ有難う」と、感謝の言葉の途切れることがなかった。

真宗の信仰は、私どもが自力で生きるところは刹那《せつな》もなかったと確信してゆく道である。人生に偶然は一つもなく、すべては阿弥陀様の、一人残らず救わずにはおかないと誓われた願いに与《あずか》ってゆくばかりだったから、日々をただ、感謝と報恩の行に貫かれて生きることが信仰の証だった。

そんな話を、彼女も何度か聞かされた。だが、耳に入ることはなかったという。ところがある日、舅に連れられて信者の会に行き、伝道師の法話を聞いた。そのとたんに「有難い」の意味が一気にしみ込んできて、涙でいっぱいになった。

成長して東京の大学に出ている子供も、「自分たちが今日あるのは、お祖母さんのお蔭だ」と言うそうだ。苦しい時も楽しい時も、そのうちに貫いている無量の「有難さ」を見出すことができたからだろう。

本当に有難いことには、理屈がない。なぜかと言えば、自他の差別が全く無い時にだけ、我々は心底有難くなるからだ。世界と自分とは、本来、境なく溶け合っているのである。そのことに気づかされると、誰もが、生きることの真意は日々無言のうちに明かされていることを納得するだろう。

事実は、机も椅子も柱も畳も、山も川も海も空も、皆ひと連なりに関わっての我々、個々である。どんな事物も、単独で存在し得ることなど不可能だった。あらゆる縁《えにし》を無量に受けて、ようやく個々になってくる。

しかし、その縁を、いったい何者が取り持ってきたと言うのだろうか。自分と他とを関わらせてゆく働きが、先になければ、我々はここに瞬時も存在することができなかった。お地蔵様が何も答えなかったのも、実は答えることができなかったのだ。どんな事物にも、互いを瞬時も休むことなく関わらせ合ってゆく働きが貫いていて、それがあまりに広大で、言い尽くすことのできることではなかったからだ。

雲門はそれで「日々是好日」と言った。お祖母さんは「有難い」と言う他なかった。お地蔵さんは何も語らないで、泥だらけになって路傍に立つことで示された。もし泥棒がその広大な働きに気づけば、泥棒をする必要はなくなっただろう。金持ちがその働きを悟れば、もう財産のために祈る心は消えてしまっただろう。

しかし、この頃はずいぶん忘れたように見えるが、昔から、こんな無限の働きを納得して、人々は長く、宗教心を養ってきたように思う。

瓦を磨いて、鏡になるのか

中心に影像なし

「禅宗には門はないのじゃ。どこの宗旨でも法華経や華厳経などの仏典をよりどころにしておる。然るに禅宗はよりどころがない。よりどころはめいめいの性根玉《しょうねったま》じゃ。めいめいの性根玉と仏の性根玉と達磨の性根玉と、両鏡相照《りょうきょうあいてら》して中心影像《ようぞう》なしというように磨き上げてゆくのが坐禅の修行じゃ。よりどころはめいめいの本智本能じゃが、それをやむを得ず曇らかしておる鏡を磨くのじゃ」

これは山本玄峰老師（一八六六〜一九六一）の『無門関提唱』に出る言葉である。「両鏡相照らして中心に影像なし」とは、全く他の景色が入る隙間がないようにして、二つの鏡を向かい合わせると、鏡が鏡を映して、結局、何も姿かたちを映すことができない状態になっていることをいう。そこではただ、鏡本体の映すという働きだけが映し合っていて、中心にどんな影像もない。無論、我々がその状況を覗《のぞ》いて見ることはできない。見ることができたとたんに、我々の姿が映ってしまうからである。

古来、禅者は、そんな何物も映し得ない時の鏡の在り様に、一切衆生に通徹しているところの本性と似た働きを見た。すなわち、自他（自分と世界）が互いに相向かい合っている時には、中心の本性の場では、自他の姿が一点も生じないところが働いているという事実を発見したのだ。

実際、拠り所となるべき実体などどこにも見出せないからこそ、本性は鏡のように前に来るものを自在に映して、とどこおることがないのだった。その事実を、後になって、日常性の上で振り返ってみれば、

「一物として欠くべからず、本来の上にはみなことごとくこれ仏の光明じゃ。畳であろうが瓦であろうが、障子であろうが、何一物も欠くわけにはいかん。着物であろうが、こぼれた埃まで大光明を放っておる。それじゃから蠢動含霊《しゅんどうがんれい》の蛆虫に至るまで大光明を放っていることがほんとうにわからねばならん」（『無門関提唱』）

と言うことにもなった。

光明と言おうと、仏と言おうと、影像なき中心に映されて一切の事物が露わになってくる様

を言葉にしたものである。蠢動含霊は、大地に生息する大小の虫類や菌類のことである。

車を叩くのか、牛を叩くのか

鏡は常に物を映すことでしか、その働きを見せないから、物を映さない時の本体がいかなるものか、我々はついに見ることができないでいる。

我々の心の働きも、それと同じだった。眼・耳・鼻・舌・身体を通して受けた外の状況を、意識に映し、それを過去の経験と照らし合わせ、比較検討した上で、事物の差異を納得する。つまり、我々もまた、外の事物を映すことでしか心の働きを確認してこなかったのである。だから、まだ何物も意識上に映らない時の心がどのようなものか、全く捉えることができないでいる。

そこで、古来「己とは何か」を真剣に問うてきた者は、何とかして、そんな意識に映される以前の本性を確認したいと願ってきた。そして、鏡が両鏡合い照らすことでその影像なき中心を露《あらわ》にするように、人間も自他を照らし合う意識の中心に、一点の姿かたちも映らないようにすれば、そこに本性（性根玉）が露になるように思われた。では、どのようにすれば、そのことが可能だったろう。昔から禅者の仕事は、そんな認識以前の本性を人に確認させてゆくことだったが、いったいどのように確認させてきたのだろうか。

唐の昔、馬祖道一《ばそどういつ》禅師（七〇九〜七八八）は初め、草庵を結んで、朝夕に懸命に坐禅していた。ところがある日、南岳懐譲《なんがくえじょう》禅師（六七七〜七四四）がやって来て、彼に問うた。

「修行者よ、いったい坐禅して、どうしようというのかね」

「仏になろうと思っています」

すると懐譲禅師は、一枚の瓦を持って来て、庵の前で磨きだした。道一が訊いた。

「瓦を磨いて、どうしようというのですか」

「磨いて鏡にしようと思うのじゃ」

「瓦を磨いて、どうして鏡にすることができましょうか」

そこで、禅師が言った。

「瓦を磨いても鏡にならないなら、坐禅してどうして仏になれると思うのじゃ」

返答に窮した道一が、

「では、どのように修行すればよいのでしょうか」

そう訊くと、禅師が答えて言った。

「もし牛に車を引かせて、よく進まない時は、車を叩く方がよいのか、牛を叩く方がよいのか、どっちかね」

道一は答えることができなかった。坐禅していれば、いつか悟って、仏と同じ境涯を得るように思っていた。そうではない。ただ坐っていても駄目だと言うのだ。無論、生きることの真意を心底明らめたいと願うなら、形ばかりの坐禅で済むはずはなかったのだ。「問題は、坐禅の内容だぞ」。そう問われたことに気づいた道一は、もう心をすっかり空っぽにして禅師の言葉を待った。

無相三昧に至る道

「汝はいったい、坐禅を学びたいのか、それとも坐仏を学びたいのか。もし坐禅を学びたいなら、禅は坐ったり臥《ふ》したりすることではないぞ。もし坐仏を学びたいなら、仏に定まった相《すがた》など無い。そんな無相のものなら、得たり得なかったりできるはずもないから、汝が坐禅して仏になろうとするなら、仏を殺すことになる。またそんな坐禅の形に拘《こだわ》っているだけなら、禅の法理に達することもない」

道一は教えを聞いて、最良の醍醐《だいご》（牛や羊の乳を発酵させたもの）を飲んだ思いになった。

そこで、礼拝して問うた。

「どのように心がけたら無相三昧《むそうざんまい》に至りましょうか」と。

ここではすでに、事物が映る以前の、鏡の本体（中心に影像なき自己の本性）そのものを問わねば真意を得ないことが、彼に予感されているようだ。

懐譲はそのことを察して、答えた。

「汝が心の元を学ばんとするのは、畑に種を蒔《ま》くようなものだ。種は天沢（天の恵み）を受けて芽を出す。わしの説法は、そんな天沢の働きに譬えたのだ。汝も天沢に適《かな》うが故に、今ここに縁を得てきたのだから、その道の在り様をよく見ることだな」

どんな植物も天地の恵みを受けずに芽吹くことはない。その事実を全く知らなくとも、余すところなく受けてきたから、今ここに生《お》うる。そういうことでは、人間も同じである。我々が知ろうと知らなかろうと、天地のはからいは存在の隅々にまで及んでいる。だから、今日まで生きてきた。それこそ、我々の意識以前の事実ではないか。

例えば、水分を取り過ぎたり足らなかったりする度に、我々の身体は実に細かく調節され、程よき取捨の働きが、常に生存のための適量を保たせている。なぜにそう上手に調えられてゆくのか、知りたいと願っても、あまりに微妙な作用で言うこともできないだろう。

そんな事実を虚心に眺めてみよと、懐譲禅師は、詩に託して歌われた。

「心の大地にあらゆる種子は備わり、天沢を受けて芽生えゆく。

たれもが皆、三昧の華、無相の姿だ。どうして滅んだり生まれたりに居るものか」

道一はこの歌を聞いたとたんに開悟して、心超然たる思いになったという。懐譲の言葉に、本性（性根玉）の姿を直感させられたのだ。

真実充実した時はどんなだったか、思い出す必要がある。必ずや、自他の念を離れて、無相三昧になっていた時である。しかも、その時は自分でも気づかない。気づかなくとも、鏡の本体と同じ本性がゴロリと投げ出されていたことだけは、確かである。「己《おのれ》とは何か」を真剣に問うてきた者は、結局その一事だけを知らされることだろう。そして、自分だけでなく、一切が光明を放っていたことを見出すのである。

宗教は、ただ信じて安心して行くだけの道ではない。「己の真実とは何か」を、もっとも明らかにしてゆく一番の道である。だから古人は、そのために命がけになった。そのことを忘れて、宗教は愚者の信じるものと思い、非文明の産物かアヘンのように思ってきたのだから、現代人の多くが生きがいを喪失して虚無に落ち込んでゆくのも、当然だったろう。

応に住まる所無くして、其の心を生ずる

仏性に南北はない

六祖・慧能大鑑《えのうだいかん》禅師（六三八〜七一三）は、達磨大師から数えて六代目の禅の祖師とされる人である。

父が早くに亡くなったので、幼い頃から新州（現在の広東省新興県）で母子二人、極貧の中に暮らしていた。成長してからは、町に出て柴を売ることで生活を支えていたが、ある日、柴を買ってくれた客が宿所のうちで『金剛経《こんごうきょう》』を読むのを耳にして、たちまち心が晴れやかになり、人生の真意を悟った。客に聞くと、黄梅山《おうばいさん》の五祖弘忍《ぐにん》禅師のところで学んだお経だと言う。そこで慧能は、はるばると黄梅山に旅立った。およそ一ヶ月余かかったというが、五祖に出会って、初めて問答した経緯《いきさつ》は、私ども禅に関わる者にとっては、あまりに有名な話である。

五祖「汝《なんじ》は、どこの者か。何を求めて、わしの所へ来たのか」

慧能「私は嶺南《れいなん》の生まれで、新州の百姓です。遠方より和尚のところに参りましたのは、他のことではありません。ただ、仏になる道を求めてきたのです」

五祖「汝は嶺南の者で、獦獠《かつりょう》ではないか。どうして仏になどなれようか」

慧能「人の生まれには南北がありましょうが、仏性には南北などありません。獦獠の身は和尚と同じでなくとも、仏性に何の差別がありましょうか」（『六祖壇経《ろくそだんきょう》』）

獦獠とは、中国の北方に住む人たちが自らを文明と見て、南方に住む人たちを野蛮な人種とした蔑称である。五祖はわざとその蔑称で呼びかけることで、慧能を試してみた。果たせるかな、見事な答えが即座に返ってくる。五祖も初めから、ただ者ではないと睨んでいたのだ。

『六祖壇経』は、慧能大師が韶州《しょうしゅう》（現在の広東省曲江県）大梵寺での説法を集録したものだという。従来読まれてきた『六祖壇経』では、慧能が、柴を売った客の『金剛経《こんごうきょう》』を聞いて人生の真意を悟ったのは、経中の「応無所住、而生其心《おうむしょじゅう、にしょうごしん》」（応に住まる所無くして、其の心を生ずる）という一語が心底に当ったからだとする。私どもの存在自体には、どこにも捉われるような所が無い。だから心が自在に働き出てくるのだ、という意味の言葉である。

慧能は、この言葉の真意によほど通徹したようで、後にこんな問答を遺した。

わしは仏法を理解せんのじゃ

ある僧が六祖慧能大師に訊ねた。
「黄檗山の弘忍禅師の宗旨は、いったい誰が会得したのでしょうか」
大師「仏法を得た者だ」
僧「いったい和尚は得た者でしょうか、それとも得ない者でしょうか」
大師「わしは、得てはおらぬ」
僧「和尚が、どうして得てないのでしょう」
大師「わしは、仏法を理解しようとはせんからじゃよ」（『祖堂集』より）

慧能は学問がなかったという。そうかも知れないと思う。現代の学者は、慧能にも深い教養があったと、さまざまに証拠を挙げて主張するようだが、あったのなら、あんなに素朴に弘忍禅師に出会うまでの一ヶ月余を、悟性を保ったまま歩いてゆかれなかったと思う。少しでも知性がある者は、すぐ有頂天になって、本来の悟性を特殊な境地にすり替えてしまうのである。

ところで、二十世紀初頭に敦煌《とんこう》で発見された『六祖壇経』は、従来読まれてきたものより早い時期に作成されたもので、慧能が「応無所住……」を聞いて悟ったという話は、ない。だから、本当はどの言葉によって開悟したかは定かでない。しかし『金剛経』を仔細に読めば、すべては「応に住まる所無くして、其の心を生ずる」ということを、さまざまに展開して説いたものだということが分かるのである。

初めて『金剛経』を耳にした時、慧能はそれを「心をどこにも捉われないように努めて、何物にも縛られない無心の境地を得れば、自在に心を働かせることができる」という意味に聞いたのではなかっただろう。まさに、初めから何物にも捉われない心が無ければ、どんな念《おも》いも生じることがなかったと納得したのだ。それですっかり、今までの無為の人生を取り落とすことができた。わざわざ価値ある生を外に求めなくとも、端から、無限の心（仏性）が溢れていたと気づかされた。

この問答は、慧能が五祖の印可を受けてから南方に帰り、後に韶州の曹渓山宝林寺に住していた時のものである。訊ねた僧が、慧能が五祖の印可を受けたことを知らなかったわけではない。よく知っていて訊いたのだ。慧能の悟境を試したのかも知れない。あるいは、まだ自らの納得し得ないところを諦《あきら》めたいと願って訊いたのかも知れない。ところが、六祖は、全く的を外れたような答え方をした。仏法を理解しようとはせぬ、得たことがないからだと白状した。

だが、いったいこれはどういう意味だったろう。

仏法を会得したと納得したとたんに、その仏法のすばらしさに捉われて、心の自在性を失うから、そう言ったのだろうか。否、本当に悟った者は、仏法を得たり得なかったりする者ではないという事実を、直示したのだった。

直心がそのまま道場

ある人が「多くの禅僧たちは、私に必ず坐禅せよ、それで始めて道が得られると教えます」と質問したことがある。六祖は「心によって道を悟るのだ。どうして坐る必要があろうか」と答えた。いったい、坐禅は必要のないものなのだろうか。実は、そんな意味ではなかった。坐禅は理解するものではない。道も得るものではないと言ったのだ。

六祖は、「お前たちよ、すべからく一相三昧と一行三昧に達することだ」と説いた。

「一相三昧とは、どこの場所にいても、相（姿かたち）に心を住《とど》めず、その姿かたちに憎い愛しいの心を起こさず、また取らず、捨てず、その利益も思わず、滅びることも思わないで、自然に安楽であることを言う」のだ。また「一行三昧とは、どの場所にあっても、歩く時、止まる時、坐る時、寝る時のすべてに、一直心《じきしん》のままでいると、その場所がそのまま道場であり、浄土となることを言う」のだと。

これが「理解せんからじゃ」の内容だった。

私事で恐縮だが、私もささやかながら、悟ったような気になったことがある。天地一切の事物と己《おのれ》とが、切っても切り離せないほどにひと連なりになって、まるで我が身の延長上にあるかのごとく感じられたのだ。その時は、確かな悟りを得たような思いがあった。

ところが、その後がいけない。その会得《えとく》がひとたび消えてしまうと、ついに、同じ体験が戻ってこない。それどころか、力を込めて坐禅すればするほど、雑念の嵐に襲われる。お蔭で何十年も、実に情けない思いに晒《さら》されたのである。

何としても雑念になってしまうのは、最初の体験自体が方向を誤っていたのだと気づいたのは、二十年以上も経ってからである。本当に的を得た体験なら、どんなに迷っていても中心に戻ってくる。海の水をひと匙《さじ》なめただけで、大海の味を思い出すようにである。

七転八倒した末に、自力ではからったものは、またその自力によって外されるのだと知らされた。私どもは常に、自他を調和させたくて生きている。上手に調和できると、幸福を思う。自力のはからいは、己の考えた調和を他に及ぼそうとすることだった。他もまた己の考えた調和を主張するなら、互いが調和するはずはなかった。同じことを、坐禅の上でもやっていた。

私の過去の体験を固定して、今の坐禅に押し付けていた。

はからわなくとも、始めから調和しているところに戻らねばならなかった。生きることと死ぬことは、私のはからいではなかった。眼が見え、耳が聞こえて、口で食べたり喋ったりできる。鼻で呼吸し、匂いを嗅ぐ。皆、生まれた時から与えられてきた、本来の自由な働きである。そこに、私の考えではからったものは一つもなかった。だから、「まさに住《とど》まる所無く、その心を生ず」である。真っ直ぐな心で、余念を加えなければ、即座にあるがままの坐禅になってくる。

六祖が、「自然に安楽」と言い、「直心」と言い、「仏法は理解せんのじゃ」「坐る必要がない」と言ったのも、行住坐臥の一々に、少しも心を住めないで、放っていると、始めから与えられてきたところの本性そのものが自在に躍動してくる、そのすばらしさを伝えたいと、切に願ってきたからだった。

師よ、我が貧乏を救ってください

道を求める者は、貧に生きる

人は何のために生きるのか。

社会の中で何とか生きてゆこうとすれば、着ること、食べること、住むことの衣・食・住が、最低限度は維持されていなければならない。人はそう思うから、古来、さまざまな工夫をこらしてきた。うっかり油断すると、餓死したり凍死したり殺されたりしてきたから、人生の意味を問うような哲学的問題は、二の次にして、まず生きることを優先してきた人の方がほとんどだと思う。

しかし、それでも、昔からこの問題をまじめに考えてきた者はいた。むろん、その多くは生活に余裕ができたからだ。

「衣食足りて礼節を知る」と言う。これは「倉廩《そうりん》実《み》ちて礼節を知り、衣食足りて栄辱《えいじょく》を知る」

（『菅子』）という言葉からできた諺《ことわざ》である。蔵の中の財産が豊かになってくると礼節を知るようになり、日々の生活に衣食が足りてくると、栄誉や恥辱が何かを知るようになるというのである。

この諺は一般に、生活が豊かになってくると、人は自ずから礼節や恥辱を知るようになると解されるが、そうではないだろう。衣食の心配がなくなり、暮らしに余裕が出てきて初めて、人は「人生とは何か」を考えるようになるというのだ。人間としての真の在り方を考えるためには、衣食住を保てる、最低限度のゆとりがなければならないという訳だ。

ところが中には、そんな衣食住のことなど全く無視して、端《はな》から存在の真意義を求めることばかりに熱中してきた者もあった。ギリシャの哲学者ソクラテスは、生活能力がないというので、いつも奥さんから罵《ののし》られていた。古代中国の聖人孔子は、故国を追われて、長く他国を放浪せねばならなかった。心の解脱を願った宗教者も、彼らと同類の者が多かった。イエスは「幸福《さいわい》なるかな心の貧しき者、天国はその人のものなり」と語って、心に欲を持たぬことを信心の証《あかし》とされたが、彼の生活自体も貧しかった。

生活を無視して、始めから「何のために生きるのか」という意味ばかり求めた者は、貧窮の中に終わるしかなかったのだ。例え生活にゆとりができて、人生の意味を考える者があっても、さらに上位のゆとり生活に魅せられると、そんな面倒な道は忘れられた。

何せ、真に道を求めてきた者の教えは、心身共に無所得に徹した中から見出した智慧だったから、学ぶ方にも同じ無所得を求めたからである。

銘酒をたらふく呑んでいながら

ある時、曹山本寂《そうざんほんじゃく》禅師（八四〇～九〇一）に清税《せいぜい》という僧が訊いたという。

「清税はまことに貧乏であります。どうか師よ、私に施し物をして救済ください」

すると曹山が「税さんよ」と呼んだ。

清税が「ハイ」と答えると、曹山が言った。

「青原白家《せいげんはっけ》の銘酒を大盃三杯も呑んでいながら、まだ唇も潤していないと言うのか」と。（『曹山録』『無門関』）

青原は酒の産地として知られた地域の名だという。白家はその中でも有名な酒屋である。日本で言うなら、「新潟は石本酒造の銘酒〝越乃寒梅〟をたらふく呑んでいながら、まだ一滴の酒も呑んでないと言うのか」と答えたのだ。

曹山本寂は洞山良价《とうざんりょうかい》の法を嗣《つ》いだ人である。後に師弟二人の名前から曹洞宗が成立されたことでも知られている。

さて、この問答、いったいどういう意味だったろう。清税が懸命に貧乏を訴えて援助を求めているのに、曹山はかえって「おまえはいっぱい持っているくせに、まるで、何も持ってないように言うではないか。なぜ、わしが与える必要がある」と言ったのだ。

まあ、世の中の大多数は清税が言ったと同じようなことを嘆いて、一生を終わる人のように見える。何か現状に不足を思わないでは、済まないのだ。

生まれた時から戦争状態で、平和が何かを知らない国の人もある。そんな国に比べたら、日本は六十年以上も平和の中にある。大半の人が一日三食を摂《と》って、某国のように、飢え死にした人が道端に転がっているような状況を見ない。それでも、生活の苦しさを訴える人は山ほどいて、皆、暇さえあれば政治家への不満を言い合っている。貧しい国々の人が日本を見れば、つい、曹山のようにも言いたくなるだろう。

では、清税も今の日本人と同じような愚痴をこぼしたというので、曹山がたしなめたのだろうか。とても似ているようだが、実は、貧乏の内容が大分違うのだった。

「私は心身共に無所得で、もう一点の私情もありません。絶対無の境地にいます。先生、そんな私の境地を、祖師方と同じ悟りのものだと証明してください」

清税の語気には、そんな内容が秘められていた。曹山はそれに対して、「税さんよ」と呼びかけた。清税はうっかり「ハイ」と返事をした。

だから、まだ決して無一文になったのではない。むしろ溢れるほどに持っていることを、自ら証明してしまったのだ。

目前の事物を、私どもは思いや言葉で以って確認しようとする。そうすることで、自分の存在が確認されるように思うからである。だから、前に物が無ければ、己を確かめようがないし、反対に己の思いが無ければ、物がそこにあることの証明もできないで終わる。

清税は返事をすることで、かえって、そこに己と事物が確かに在ることを露呈した。

ただ、無理会《むりえ》の処に向かって去るべし

長く真剣に坐禅した者なら、誰でも、己の思念ほど事実を見誤らせるものはないことを痛感するだろう。思念こそは、真実を虚にする一番の原因なのだ。どんなに深く緻密に知性を働かせても、それが思念上で認識される限り、事実を正確に言い尽くせない。万物は言葉や思いに全く関わらないところで、その全存在を露《あらわ》にしてきたからだった。坐禅すると、そのことが思い知らされる。

例えば、病気の愛児を母親が死ぬほど心配したとしても、子の苦しみに代わることだけはできないでいる。子供の方も、その苦熱がどんなに辛くとも、病のすべてを把握することはできないでいる。ただ感覚上に、それを苦と受け止めているばかりである。病んでいるのは身体自身で、思いが病んでいる訳ではないからだ。

そんな思いに捉われることが、心を迷わせる要因だった。坐禅すればするほど、その事実が、納得させられる。私どもは目にしたことに捉われ、耳にしたことに捉われて、心迷う。目や耳が捉われるのではない。見たと思い、聞いたと思う、その思う心に捉われて迷うのだ。

だから、古来、道を求める者は、懸命に無心になろうと努めてきた。思いが全く働かない時にだけ、己と事物とが正しく出会っていると予感されたからだ。もし無心になれないのなら、せめて雑念を一念に凝縮させたいと、純一な修行者なら、苦心に苦心を重ねて工夫を凝らしてきたものだった。

『大燈国師遺誡《だいとうこくしゆいかい》』に、「ただ須《すべか》らく、十二時中（終日）、無理会《むりえ》の処（理解も会得も及ばない処）に向かって、究め来たり究め去るべし」と歌われたように、己が真実の生を確認したいのなら、時々刻々思念の一点も生じないところに向かって、ひたすら無所得に努め、励んで、心を貧しくしてゆくほかに道はなかった。

だからそんな風に真摯に工夫してきた者は、誰でも、ある日急に、すでに扉が開かれていることに気づかされた。果実がようやくに熟して、自然に落ちるようにである。

最初から己の力で生まれたのではなかった。己の力で生きるのでも、己の力で死ぬのでもなかった。生まれて生きて、死んでゆく。一切は初めから、そんな仕組みに促されてここに存在してきた。その仕組みの促しそのものに、私の思念や情念が及んだからではなかった。本来、誰の上にも自在に働いてきた普遍の促しが、そこにはあった。だから、心を徹底貧しくした者は、かえって、いっぱいに持ってきたことを悟らされたのである。

清税も、「私は貧乏です。何も持っていません」と言う必要はなかった。言おうと言うまいと、存在自体は溢れるほどの豊かな促しに与《あずか》ってきたからだ。それを、わざわざ言ったのなら、まだ十分に納得していない証拠で、曹山にたしなめられるのも当然だった。

もし、深い宗教心が物質的豊かさも与えるように説く者があるなら、彼もまた、己が存在の真の豊かさを知らないで、自覚未熟の者だということを証明しているのである。

第四章

「己とはなにか」を知るために

我思わず、故に我無し

「思わず、我を忘れていた」

「我思う、故に我在り」という言葉は、哲学者デカルトの言葉として有名である。その著書『方法叙説《ほうほうじょせつ》』の中で、認識の在り様を細かく追求してゆく過程で述べられた言葉である。だが私はこの頃、禅の考え方を思う時、この表現がなかなか面白い言い方ではないかと思ってきた。

一般に「我」は、私たちが生きている限り共にあって、私を意識的に「我」と納得させているものだと思っている。私が自分を「我」と確認できることが、私の生きている一番の証明になっているから、もし「我」が無い時は死んだ時と思っている。

ところが、そうではないこともたくさんあった。

実は「我」は、私が自分のことを意識した時にだけ実感されるものだった。だからもし私が何かに夢中になっていて、自分を意識する暇が少しもなかったなら、そこに「我」という自覚は全く浮かんでこない。つまり、「思わず、我を忘れていた」ような時には、「我」は無いと同じ状態になっているのだ。

そこが面白いと思うのである。

では、無いと同じ状態の時の「我」は、いったいどのように働いてきたのだろうか。

私はかつて、思いもせぬ方向から突然車が突っ込んできて、思わず急ブレーキを踏んでハンドルを切ったために助かったという経験がある。その瞬間の働きを、後日思い出してみると、私は決して意識した後でブレーキを踏んだのではなかったと思う。長い年月の間に身についていた習慣が、意識の働く前に引き出されて、足の方が先に動いてくれたのだ。

剣道の試合などでは、もっとこの事実が明らかになる。少しでも「我」の意識があって剣を振ろうとすれば、必ず自分の動きは遅くなる。その瞬間が、相手にとっては打ち込む一番のスキである。だから、いつでも「我」が思う前に、いち早く身体が応じられるように訓練してゆくのが、剣道の稽古である。

どうやら人間には、「我」を忘れていても、確かに働いてゆく者がちゃんとあるようだ。

自分を思い出す暇もないほど夢中になっていた事は、誰にも経験があるのだ。そして、そんな時ほど自分が充実していたことはなかった。

一般に、自分の生きることが意識でしっかりと確認されていることこそ人生の充実と思われている。しかしその充実がもっとも満足された時、何よりも自分の人生に幸せを感じた時は、よく考えてみれば、かえって「我」が無いほどに夢中になっている時だった。

人は、そんな体験を何度もしてきたから、内心ではいつも「我」という意識を忘れたいと願って生きている存在なのだと思う。

一如になった時の充実

それは結局、他と自分とが一如になっていたいとの願いだったと思う。

他とは、自分の伴侶であり、家族であり、友人であり、会社であり、また社会や国家、世界や、そんな自分以外のすべてである。それらと自分との間に意見のくい違いがなく、調和を感じているなら、私たちは幸福の中にいる。反対に、例えば愛する者が病気だったり、子供が親に反発して心が通じなかったり、会社に希望がなかったりすると、とたんに他と自分との間に、不自由さや違和感を抱いて、私たちは人生を苦しく重いものに感じてしまう。

「我」の中で相手が少しも対立していない時、「我」を忘れるほどに相手と一如になっている時、それは喜びだった。

洗濯していても、己が無いほど成りきっている時は、洗濯が楽しい。料理を作って、「我」を忘れるほど夢中になれる時は、自分は料理作りが好きだと思う。なぜ人間は生きようとするのか。その意味はこれだと、私は思う。

他と自分とが一如になった時の、深い心の充実感が忘れられないからだ。そして、もう一度そんな体験をしてみたい。いつか、「我」を思い出す暇もないほど、心底充たされていた時があったから、皆、再度その場所に戻ろうと願って、懸命に生きている。

日々赤ん坊の心を体験している

最初は、赤ん坊の時の体験があったと思う。まだ言葉も知らない以前の赤子には、自分と他人の区別がない。世界と「我」とは一如で、今与えられた命の他に余分なものは何もなかったから、世界に触れると、全身心を挙げて世界になれた。私たちの奥底に、まだその時の記憶があって、時に郷愁のように滲み出しては内なる魂を誘うのだ。

また、子ども時代のもっとも素朴な時にも、私たちは何度も体験してきた。遊びに夢中になって、家に帰ることも忘れていたのだ。子ども時代が輝いて見えるのは、そんな「我」を忘れた心の純一が、自他の区別をすっかり離れて自然に溶け込んでいた日々を、まだ忘れさせないでいるからだ。

大人になってからも、「我」を忘却した体験は無数にあった。仕事や遊びや恋愛の時だけではない。何もかも忘れて、ぐっすり眠り込んだ時の、朝の目覚めの爽快さ。あれも、夢も見ないでただ全身を投げ出し、脱力し、心底まで休んだことを、朝になって気づいたための充実感である。

私たちは誰も、日々、赤ん坊の時と同じように、「我」も無く、自他も無い一如の世界に触れ続けて生きてきた。その充実を「我」も無い無意識のところでは、よく知っているのだ。だから何とか現実の生活上でも、もう少し具体的に味わってみたいと思って、苦心している。

ただ、どうしてもそれを意識の上で求めようとすると、とたんに「我思う、故に我在り」ということになってきて、「我」無き一如の世界になってこない。それこそは、私たちが人生に迷う一番の原因だった。

人を真実にする道

禅は言葉に頼らず（不立文字《ふりゅうもんじ》）、知的教養の外に本来の真意がある（教外別伝《きょうげべつでん》）と言ってきた。

もし心中に毛ほども認識が働いたなら、即座にその認識を奪って、ともすれば知的に納得しようとする人間のクセを拒否してきた。知的であることは人を高度にするようで、むしろ事実と乖離《かいり》させることの方が多い。知性は事物を、人間の「我」が捉えたところだけに限定して、「我」の捉え得ないところは見えなくしてしまうのだ。だから禅者は、この世界や事物の在り様を人間の捉え方だけに限定せず、人間が知る以前からあった事実のままに、そっくり丸掴《まるづか》みさせようとしてきた。認識の働く以前にこそ、何ものにも左右されない、人間性のもっとも真摯《しんし》なものが自在に躍動していることを確信してきたからだった。

中国は唐代の禅僧・臨済義玄《りんざいぎげん》禅師（？〜八六六）は、臨済宗の祖師である。彼が常々大衆に示して言われたのも、そのことだった。

「仏法を学ぼうと思うなら、真実正しい見解を求めねばならぬ。もし真実正しい見解を得たなら、生死《しょうじ》の迷いに振り回されることもなく、行くも帰るも自由自在だ。わざわざ最高の人生を求めようとしなくとも、最高の人生は自ずから手中にあったと知るだろう。

昔の禅者たちも皆、人を真実にする道だけを示してきた。私が君たちに示すのも、ただ人惑《にんわく》（人の思慮分別）を受けるなという、それだけのことなのだ」（『臨済録』示衆《じしゅ》）

臨済は、人が迷うのは、己《おの》が思いを正しい事実のように錯覚してしまうからだと言った。思いは事実を、「我」が頭脳の認識器官上に蓄えた経験則で脚色しようとするのである。

なぜ脚色して捉えようとするのか。自分だけの好みに合うような世界を「求めるからだ」と臨済は言った。だから世界が己の要求に合わないと、苦しみになる。まずその「求め心を止めよ。されば即座に安心《あんじん》に至る」。「我」をもっとも自在に解放してゆく道を、臨済はそう断言した。

趣味的欲望を充実させることが、人生の目的のようにもなっている今日である。だが、どこまで得たら良しとするのか、それを思うと現代人の虚無は深い。「我思う、故に我在り」。より確かな「我」を求めることで、「我」が充実するように思ってきた結果である。

「我思わず、故に我無し」という自覚の上に、「我」という認識の重みを解放してきた道が、古来東洋にはあった。

「我思う」ことを確かにするよりも、はるかに自在で、ピチピチした生き方だった。草木が在ると同じように、「我」が上に天の道理だけを見てきたのだ。

迷うところに、悟りがあった

悟ったのに、なぜノイローゼになったのか

なぜ、白隠禅師（一六八五〜一七六八）は大悟したあとにノイローゼになったのか？悟ったら、一切の迷いから離れて、何ものにも捉われない自由な境地になるはずである。ところが、白隠は強度のノイローゼに罹《かか》ってしまった。彼の著書『夜船閑話《やせんかんな》』を読むと、その病状が精《くわ》しく書かれていて、いかに重症だったかが分かるのである。

「心火は逆上し、肺臓は枯れ、両足は氷雪の底に浸した如く、両耳は谷川の間を行くが如し。肝臓胆嚢は衰え、立ち居にも恐怖を思い、心神は疲れ果て、寝ても覚めても幻覚を見る。両脇は常に汗をかき、両眼にはいつも涙がたまっている」

つまり、神経が落ちつかず、いつも気が頭に上っている。肺の調子は悪く、呼吸も浅い。両足は氷のように冷えて、冬には足袋を何枚も履かねばならなかった。谷川の流れのような耳鳴

りがあり、内臓の機能は衰えて、行動にも自信がなく、何かというと恐怖心がわいてビクビクしている。寝ても覚めても幻覚症状に悩まされ、脇の下には冷たい汗が流れ、眼は涙目となる。白隠は、心身共に疲労困憊《こんぱい》していたのだ。二十六歳の頃だった。

修行など一度もしたことのない普通の人が、こんな病気になったのではない。

白隠は十五歳の時出家して以来、各地に行脚して多くの師について道を問うた。生ある限り受けねばならぬ迷い苦しみから、いかにして逃れることができるかという大問題を解決したいがためだった。それこそ、寸暇《すんか》を惜しんで懸命に坐禅修行した。その甲斐あってか、二十四歳の時、越後高田の英巌寺で終夜坐禅したその暁に、大悟した。

ところがその後、慢心がおこる。自分のように痛快に悟った者は他にいないと思うようになる。幸い、信州飯山の正受庵《しょうじゅあん》に住する道鏡慧端《どうきょうえたん》禅師（通称、正受老人）に出会って、厳しく叩かれ、改心した。そこで正受老人に参ずること、八ヶ月余。ついに大悟徹底したという。

従来の迷いがすべて氷解しただけではなく、釈尊の悟りを我が悟りとするような、宇宙創造の主体を明らかにしたのだ。神様とは何か、仏様とはどんな姿か。真実の己とはいったい何なのか。その本当の在り様を、掌《てのひら》の筋を見るようにはっきりと納得した。正受老人も、彼の境地を間違いないものとして、承認してくれたのだった。

ところが、白隠がノイローゼになったのは、その後なのである。

動・静の二境がバラバラだった

白隠は、坐禅して悟った境地（静中《じょうちゅう》）が、日常さまざまに行為している（動中《どうちゅう》）上で、自在に応用できないことに苦しんだ。坐禅中は坐禅だけに成りきって、瞬時も雑念妄想がわかないよう努めている。ところが坐禅を止めて、食事や掃除、畑仕事や人と応接している時など、行動中の心を振り返ってみると、なかなか純一になれない自分があった。

どんなことにも余念なく、無心に行じてゆかれるのでなければ、坐禅が生きたことにはならない。日々の動中に雑念が入ってくるのは、結局、静中の坐禅が徹底していないからだ。そう思われたから、白隠はもう、寝食を忘れて猛烈に修行した。お蔭で一ヶ月もたたぬ間に、上述のような重い症状になってしまったのだ。

白隠禅師といえば、日本臨済宗中興の祖として、私ども禅者にとってはもっとも偉大な祖師の一人である。だから、この話を知らない禅僧はいないと思うが、なぜ悟った者が重度のノイローゼになったのか、精《くわ》しく説かれたものを寡聞《かぶん》にして見ない。

白隠は後に、京都白川に住む白幽《はくゆう》仙人に出会って、この重症を治す術を教わるのだが、その

時、親しく手をとって診察した仙人から、

「観理《かんり》の度が過ぎ、修行方法が偏《かたよ》っているから、ついにこんな重症になったのだ」と言われる。

観理の度が過ぎるとは、道理を正しく、明らかに観ようとする心が強過ぎるということだ。ひとたび悟った境地を、心身の隅々まで及ぼそうと思う。すると、充分に及ばないところが、気になってしかたない。少しも平静でおられなくなったのだ。

悟ることを、見性《けんしょう》ともいう。自らの本性を見るという意味だ。自己の心の働きと思われている、その認識の在り様を徹底的に疑って、まだ思いの生じる前、心の働き出てくる以前のところに、本性を諦《あきら》めんとしてきた禅の道である。見性して初めて、自己の本然《ほんねん》のところに、一切の世間的限定を離れた、自由自在な境地があったと知らされる。

人は日々、喜怒哀楽の思いの中に生きる。しかし思いは結局、どれも自己中心の思念の発露だ。見性は、そんな人間の勝手な思念とは全く関わりなく、私たちの上に無限の主体性が休みもなく稼働していることを悟らせた。だがそのお蔭で、迷いがすっかり吹っ切れたのではなかった。かえって迷っている心が、一々明らかにされたのだ。

雲が晴れてみると、大空は元来、一点の雲もないのが真の姿と知らされる。雲は、地球上の環境に限定されて沸くものだった。一面に雲が覆《おお》っているからといって、大空自体が雲になったのではない。それと同じだったと、心中の悟りと迷いの関係もよく納得されたのだが、今度は、一挙手一投足が、常に真実でなければ済まなくなった。一度でも青空を見たものは、どんな時にも、青空であり続けたいと願うのだ。それが、晴間は少なく、雲ばかりかかると気にするようなら、白隠でなくとも、ノイローゼになるだろう。

雲は、青空のなかに生まれる

昔、中国は宋の時代に雪竇《せっちょう》禅師（九八〇〜一〇五二）も述懐された。

「二十年来かつて苦辛《くしん》す。君が為、幾度《いくたび》か蒼龍《そうりゅう》の窟《くつ》に下《くだ》る」と。

二十年以上も、この仏法を真に具体的で自在なものにしたいと願って、私は何度、龍の住む洞穴《ほらあな》に飛び込むような危険をおかしてきたことだろう、と言うのである。古人も皆、このことでは大変な苦労をされたのだ。

間違いは、見聞きしたことを即座に、正しい事実のように錯覚してしまう人間のクセに拠るのだった。苦心の末に、白隠もそのことに気がついた。人間が理解するところと、事実とは違う。人間は、見聞きしたことの一部分を自分の頭で納得できる範囲内に閉じ込めるだけだ。悟りの体験ですら、そうだった。人とは異なる、特殊な境地になったように思うなら、それは認識上に限定された価値観であっても、聖俗を離れた仏の心ではなかった。

だから、欲（雲）を払って、ひたすら高く澄んでいたいと思う、その澄ませようとはかる心がもう、頭（認識）の働きになった。全身心になるはずがなかったのだ。

私たちの衣食住におよぶ生きることの具体は、実は、いつも個人的な思念を通して、限定された姿で実感されるのだ。何かを意識した時はもう、自分だけの色眼鏡の中にいる。

つまり念のあることが、生きる証《あかし》になってきた。修行して悟ったら、全く無念になったように言う者があるが、たぶんその者は死んでいるか、嘘をついているのだ。

青空の澄みわたった様は、雲がかかることによって一層よく確認されるのである。

しかも雲は、地球上の環境に限定されながらも、宇宙的大空に全く無関係に沸くのではない。大空の中でしか、雲は生まれないからだ。もし大空がなかったなら、雲を見ることも、また、なかっただろう。青空と雲はいつも、不即不離《ふそくふり》の間柄だった。

白隠は、白幽仙人の教えから、そのことに気づかされた。

静中は心晴れた場所、動中は雲のかかりやすい場所というように、二つに分けて見てきたための苦しみだった。別々に捉えないで、静中が動中のように動中が静中のようにと、一如にして工夫してゆくのでなければ、具体的にはならなかった。相撲取りが、

「本番は稽古の時のように、稽古の時は本番のように」と言うのと同じである。

そして、いつが雑念のところ、いつが無念のところと、どんな行為の上にも油断なく点検して、己《おの》が心の様を見極めてゆく。

もしそのように工夫して止むことがないなら、誰でも必ず、全存在は初めから、雑念でも無念でもないことによって貫かれてきたことを悟る。するともう、澄みわたった大空の心は、雲（迷い）の沸くところにすっかり露《あらわ》にされてきたことも、自ずから納得されるのである。

頭の中で創造した理想世界と、困難な悪しき状況とを別々に見て、迷い苦しみを避けてゆく者は、白隠と同じように、ノイローゼに罹《かか》るだろう。困難の中にこそ、真意が具体化していることを信じてゆく者は、例え白隠のような力がなくとも、自己のうちに本来の青天を発見するのである。

『公案解答集』について

模範解答はない

仏教の案内書をたくさん出して著名なある仏教学者が、『公案解答集』という本を出している。「公案」については、『大法輪』誌上でも何度か解説されてきたから詳細を省《はぶ》くが、仏典や禅の祖師方の言行録《げんこうろく》の中から採られた、禅旨を象徴する言葉のことを言う。古来、禅僧たちはそんな「公案」を使って修行者を導いたり、その悟境の真偽をはかる試金石にしてきた。日本では江戸時代に白隠禅師が出て、千七百則ともいわれる多くの「公案」を整理し、修行者の境涯に応じた段階を設けて体系づけた。以後、臨済宗の禅僧はその公案体系によって修行することが中心になり、今日に至っている。

ところが大正五年に、破有法王《はうほうおう》という匿名で『現代相似禅評論』という本を著した者がいた。彼はその中で、公案体系によって修行した禅者はすべて偽者《にせもの》と断定し、こっぴどく批判したのである。その中身がいかにいい加減で、口先だけのものかを大いに論評したあと、この法王はその証拠として、「公案」の模範解答とされるものをすっかり白日の下に晒《さら》した。解答を世間に公表することで、白隠禅師以来の公案修行を無意味なものにしようとの目論見だった。

近年、その解答部分だけが英訳され、アメリカでベストセラーになったのだという。それを仏教学者が読んだところ、大変面白かったので翻訳して出すことにしたのだと、序文にある。禅を学ぶ者が、この本にある模範解答を碁の定石《じょうせき》のように見て活用すれば、思考の節約にもなり、さらにこの本を離れて「自由」になれば、禅の実力も向上するだろうと記している。

著名な学者の、見当違いも甚だしい解釈によってこんな本が出され、一時は仏教書欄の棚に平積みされていたから、それほどたくさん出版されたのかと思うと、私はその弊害を思って些《いささ》か嘆息させられた。

禅には、模範解答もなければ思考を節約できるような定石《じょうせき》もない。元来、解答や思考方法で事物の本質に触れることを拒否してきたからだ。無論、真摯な参禅者ならすぐにそのことを悟るだろう。だが、一般に禅を知らない者がこの『公案解答集』を読めば、禅を謎解きか何かのように思ってしまうだろうし、未熟な坐禅者が読めば大いに勘違いして道を誤ってしまうだろう。

人間の真実の生き方を求めて命がけの修行してきた者たちが、何とか安心《あんじん》を見出し、今度は同じように悩み苦しむ者を済度せんと願って、苦心の末に設けた「公案」参究の道である。だから、こんな安易な方法で糸口が見出されるようなものでは、決してない。

この仏教学者は大学の先生でもあるらしいが、例えば大学受験が行われる前に、先生が模範解答を公表してしまったら、その試験は無効になり、先生自体も弾劾されるのではないか。もし彼がこの『公案解答集』の解答例を、少しでも禅の正解に通じるものと信じて上梓したのなら、公案体系を無意味にしたことで、学者としても違反を犯したのである。

悟ることはまだ易い

それはともかく、破有法王の『現代相似禅評論』については、鈴木大拙博士もどこかで批判されていたように思う。博士が若い頃学んだ禅の師は、鎌倉円覚寺の管長をされた今北洪川《いまきたこうせん》禅師だが、法王は禅師を低能で説禅の徒だとし、その門下に至るまで悪口雑言を尽くして批判したのだから、当然だった。

私も若い頃、この本を書店で見つけた時は大いに心ときめいて、次の日、いかにも自分の修行の結果のような顔をして師の参禅室に答えを持ち込んだ。すると老師は、一言で私の不真面目を一蹴したものである。「公案解答集には、そう書いてある」と。以後、私はこの本を参考にするのは止めた。今回、新たに出版されたのを見て、久しぶりに読み直してみると、改めて気づかされることがあった。

一つには、破有法王なる匿名者が（この、匿名にするところが既に心正しからざる者である）、白隠禅師とその法系に連なる禅僧たちを偽者と証明するため、各地の禅道場で修行者に与えられてきた公案の全体を書き出し、さらにその言葉遊びに似た惨状を告発するために、わざわざ劣悪な解答を選んで載せたことだ。ページをめくる度に、あまりにふざけた解答が並んでいて、開いた口がふさがらなかった。私も長年公案に参じたが、こんな答え方で済むのだったなら、自分が無駄な時間を費やしたことに悔し泣きをしたことだろう。よくもこの程度の解答例をもって、白隠禅師を批判したものである。

二つには、白隠が若い頃、越後高田の英巌寺で鐘の音を聞いて大悟したというのに、増上《ぞうじょう》慢《まん》になり、信州飯山の正受《しょうじゅ》老人の鉗鎚《けんつい》を受けて大いに反省させられたこと、老人の下で新たに悟入することがあったのに、その後ノイローゼになって白幽仙人の内観法で治したこと、四十過ぎに『法華経』を読んで開悟し、初めて正受老人の報恩を思って香を焚いたこと、これらを一々挙げて、だからこそ白隠は偽者なのだと主張した。大悟した者が、悟った後でアレコレ迷うのはおかしいと言うのだ。破有法王は禅の語録を読んで、禅者の言行はたくさん覚えたが、修行がどういうものか、その実際を全く知らないらしい。

宇宙の実相、その創造の主体を自己の主体として悟ってゆくのが禅の道である。そのことでは、昔から無量の修行者が、苦心惨憺《くしんさんたん》の体験をしてきた。だが、悟ることはまだ易しい。むしろ悟ったところを日常の上に隅々まで具体化してゆくことの困難は、並大抵のことではない。古人刻苦の体験を記した『禅関策進』を読めば、禅者がそのためにどれほど苦しみ迷走してきたかが、つぶさに示されている。法王が言うように、一たび真に悟れば、即座に一切が解決されるように思うのは、体験したことのない者の夢物語である。だから、白隠禅師の長年にわたる右往左往を見ると、私たちはかえって、いかに彼が真剣に苦悩し努めてきたかを痛感させられるのである。

これはどんな道にも言えることだと思う。努力していれば、コツのようなものは何度も会得する。しかし、そのコツが自在に扱えるようになるには、長く果てしない、弛《たゆ》まぬ研鑽の年月が要るのである。

本物の響きがある

三つには、法王に迷える者への慈悲心がないことだった。「己とは何か」という、自己の真の主体性を問う者は、いつの時代にもあった。だが、それを短時日で悟ってゆく鋭敏な者と、一生をかけても迷うばかりで、なかなか悟りえぬ愚鈍な者がある。親鸞聖人も、そんな自らの愚かさに気づかされて、ついに絶対他力の信心を見出された。

人を安心に導かんとすれば、もっとも迷える者をこそ、いかに救わんかと悩み、さまざまに方便してきた祖師方だった。白隠禅師が公案体系を創設されたのも、生れつき聡明な者への工夫ではなかっただろう。当時、禅界は衰微し、公案は一部のエリートや専門家の秘事とされて、禅僧の多くが庶民の迷苦を救うことに真剣ではなかった。そんな状況を憂慮した白隠が、改革の道を模索した方便の一つとして設けた公案体系だった。

法王は禅を本当には知らないから、迷える者への憐《あわれ》みがなく、ただ、自分の見解の正当性を自慢したくて、こんな悪口雑言に満ちた書を出した。だから匿名で出したのも、『公案解答集』の解答内容が酷《ひど》いのも、当然であった。

修行者が禅に参じて師の室に入るのは、その悟境の真偽を証明してもらうためにある。真の体験者なら、同じ体験をした者か否かを即座に見分けるからだ。しかし、どんな体験であっても、全く同じ答え方には決してならない。個々が体験に至る状況は千差万別だから、その表現方法も皆異なってくる。それでも確かな指導者なら、彼が真を体験したか否かを、すぐに悟るだろう。言葉はどんなに拙《つたな》くとも、そこに、体験者でなければ決して表し得ない本物の響きを直感するからである。だから、指導者自身の力量こそが問われるのだ。悟性確かな禅者なら、修行者が『公案解答集』で答えたとたん、それが生死の極みに何の用も為さぬことを直に察知して、改めて厳しく問いただしてくるだろう。

しかし、こんな解答集が出版されるということは、もう公案体系による修行自体が意味を失ってきた証でもある。ならば、新たな参禅の道を創造する必要がある。唐代には、公案体系がなくとも優れた禅者が多数輩出したのだから、方法はあろう。次代の禅者に期待すること大である。

水鉢に投げこまれた蟻

分からないのは不親切？

時々、人に訊《き》かれることがある。

「禅の悟りとは、どんなものですか」と。

こんな質問を、坐禅体験のある人がすることは稀《まれ》である。ほとんどは、今日初めて出会った人からの問いかけとなる。そこで、つい訊《たず》ねてみる。

「坐禅したことがありますか?」「いいえ」「禅について何か読んだり聞いたりしたことがありますか?」「ありません」「どうして、禅の悟りについて訊ねようと思うのですか?」「何となく興味があるから」「では、説明したら理解できますか?」「私にも分かるように話していただけるなら、できると思います」。

さて、ここまで話して、私はいつも困惑させられるのである。

禅については何も知らないが、時々耳にする言葉だから、どんなものか興味がわいている。そこで、何となく訊いてみた。それでもし、自分にも理解できる内容なら、やってみてもよいかなと、ほぼ、こんな調子で訊ねていることが分かるからだ。

何も知らない者に、どうすれば禅の悟りを分かりやすく説明することができるのだろうか？　もし説明して、理解されなかったなら、いったいどちらの責任になるのだろうか？　私はそう思うものだから、また、

「あなたの質問に答えてもよいが、その意味を理解できる用意がありますか？　なければ、私の答えは、あなたにはまったく無縁の、意味のない言葉になりますが……」

と言ってしまう。すると現代では必ず、

「それは、不親切だ」

と言う者がでてくる。

「どんな人にも分かるように説いてゆくのが、あなたの仕事ではないか。そんな努力もしないで、この頃の坊さんは難しいことばかり言う。仏教が流行らないのは当然でしょう」「もっと、子供にも分かるようにやさしく説明してください」

今まで、こんな言葉を何度投げかけられてきたか知れない。話が理解できないのは、聞く側

の問題ではない、説く者に親切心がないからだった。心から相手のことを思いやって、丁寧に説明してゆくなら、どんな人も理解できないことはない、と言うのだ。

昔の禅者は、こんな問いでとまどうことは決してなかった。何も知らない者が安易に質問をすれば、ソッポを向かれて終わりである。

「まず、三年ほど坐禅してみることだな。それから質問を聞いてやろう」

もしこんな風にでも答えてくれたなら、もう親切すぎるほどの対応だった。多くは無言か、「出口はあっちだ」と追い返されるのが常だった。それが、人を真に分からせてゆくための、一番の近道と信じてきたからだ。

どうか、お慈悲を！

古来、禅の悟りについて訊く者は、すでに各地で散々修行してきた者だった。そして、どんなに苦心の研鑽《けんさん》を積んでも自己の開明を得なかった者が、ついに進退窮して、藁《わら》をもすがる思いで師に訊いた。それは、必死の心から発せられる極めつけの問いだったから、師も弟子も真剣そのもの。弟子は、師の片言のうちにもその真意を悟ってやろうとの心意気、師は一言で弟子の窮状を救いださんとの願心で、互いが全気力を尽くしての究極の質疑応答だった。

例えば昔、こんな問答があった。

唐国の第七代、粛宗《しゅくそう》皇帝（在位七五六〜七六二）は慧忠国師《えちゅうこくし》に参禅して熱心だったが、なかなか真意を悟ることができないでいた。その日も師に訊ねた。

「多くの人が皆、与えられた運命に引きずり回され、拠るべき確かな道理も失い、日々あたふたと生きて、迷い苦しみから逃れる術も知らないでいます。どうか師よ、方便なされて、弟子（わたし）と人々を生死のしがらみから引き離してください」

皇帝はもう何度も質問して、そのたびに国師から答えを聞いていたのだ。だが、「己とはいったい何か」「なぜ、人は死ぬのか」「どうしたら死の不安から自由になれるのか」「人生に心底から納得できるような真実はあるのか」「いったい、誰が自分をこのように生かしめているのか」等々、存在の根本に関わる疑問が、少しも解消できないでいた。否、いよいよ混迷するばかりで、もう二進も三進もゆかぬ心で行き詰まっていたのだ。だから、もう、必死の思いで訊いた。

すると師は、鈔羅《しょうら》の鉢（透き通るような薄手の鉢）を持ってこさせ、中に水を張らせると、数匹の蟻をつかまえてそこに投げ入れた。蟻は突然の災難に驚いて、水中を這い回ること二、三度したが、直《じき》にぐったりとして浮き上がってくる。死活も定かでない様子だった。皇帝は居ても立ってもおられぬ気持ちになった。まるで己の窮地を突きつけられたようではないか。そこで礼拝して言った。

「お願いです。どうかお慈悲を！」

とたんに師は一本の草を引き抜いて、水中に投げ入れた。それが身体に触れた刹那、蟻たちは急に生き返る。そして草にすがりつくと、一気に鉢の外へ這い出していった。その様子に見入っていた皇帝は、その時、突然にからりと悟ったのだった。

自心の本性をはっきりと確認したのである。この世にある一切の事物が、なぜここに存在してきたのか、その真意が初めてはっきりと納得されたのである。

空がいつ目配りした？

私たちは生きて、日々何を為そうとしているのかと言えば、目前に関わってくる環境と自分の思いを、すっかり調和させようとしているのだ。どうあれば人生の充実になるかをよく知っているからだった。つまり、自分と社会とがうまく調和して、どんな状況の中でも気持ちよく生きてゆかれることが一番のことだと、内心ではよく知ってきた。

誰もが皆、身近な知人や家族、愛する人と、また仕事や社会、住んでいる地域や国、世界のすべてと、自分の心とが、上手に調和した中で出会いたいと願ってきた。粛宗皇帝が懸命に求めていたのも、実は、そんな自他を真に統一しうる確かな道理だった。

慧忠国師も、その願うところをよく納得していたから、もっとも要《かなめ》のところで答えてきた。

ある時は、皇帝が「師はどんな法を得たのですか」と問うから、「陛下は空にある、あの一片の雲が見えますか」と訊いた。「見えるとも」。そこで「釘で打ちつけてあるのか、それとも掛けてあるだけなのか」と答えた。

ある日は皇帝が挨拶したのに、師は見向きもしなかった。「朕《ちん》は一国の天子である。よくもチラリとも見ないでおられるものだ」。

そう詰問すると、「皇帝はあの大空が見えますか」と訊いた。「見えるとも」。そこでまた「大空はいつ、陛下に向かってチラリと眼をくれましたか」と答えた。誰にも本来備わった、何ものとも対立しない自由な心を直指したが、皇帝は少しも気づかなかった。

国師が心情を尽くして、どんなに親切に答えても、それが、端から己に貫いてきたところを指摘しているのだと気づかぬ者には、ついに分からない。なぜか？　人は己の考えの及ぶところばかりを探して、考えの及ばないところに眼を向けようとはしないからだった。

本当は一点の思念も及ばぬところが、私たちを存在せしめてきたのだ。だから、国師は何度も思考以前の場所を直示して、すぐに納得させようとした。それを皇帝は、何とか思念の上で理解しようと努めたのだから、ついに行き詰まったのは当然だった。

蟻が投げ入れられた草に触れたとたん、すぐに這い上がったのは、蟻の思考の結果ではない。生きようとして止まない、生命の普遍的働きが、迷わずにそうさせた。

その働きに、天地の主体性を見て、それがどんなささやかな物の上にも貫いていると気づいた者だけが、驚いて、初めて存在への深い畏敬を思う。皇帝も己の思考に絶望し切っていたから、思いの至らぬ先の、実相そのものに貫かれた。

まず、「己とは何か」「誰もが幸せを願っているのに、人はなぜ苦しみ迷うのか」を真剣に考えてから、問うてもらいたいものである。仏教や禅は、昔から、人間のこんな問いかけに正しく答えようとして、懸命に工夫してきた道だったからである。

過去心も不可得、現在心も不可得、未来心も不可得

その心を持ってこい

心とは、どのようなものか。心の働く本体は何なのか。どうしたら真に安心することができるのか。禅は初めから、このことを一番の問題としてきたのだと、何度も言ってきた。

禅宗の初祖とされる菩提達磨《ぼだいだるま》（六世紀前半）大師が、嵩山《すうざん》少林寺で面壁《めんぺき》坐禅に明け暮れていた時のことである。ある日、神光《じんこう》（慧可《えか》）という僧がやって来て道を訊いた。「私の心は不安でいっぱいです。どうか師よ、心を安んじてください」と。

すると達磨が、「心を持って来なさい。そうしたら安んじてやろう」と言う。神光は懸命に心の実体を求めたが、ついに見出せなかった。そこで、「心を探しましたが、どこにも見つかりません」と答えた。とたんに達磨が、「ならば、わしは君の心を安んじてあげたのだ」と言う。

神光はその一言で「ハッ」とした。心は思いに迷う。思わねば、初めから迷わぬ心と気づいた

のだった。

慧可に参じた僧璨《そうさん》は、「心の罪穢《けが》れを懺悔したい」と願って、「罪を持って来たら、懺悔させてやろう」と言われた。「罪を探しても見つかりません」と答えると、慧可に「ならば、わしはお前の罪を懺悔してやった」と指摘され、初めて、元々心には穢れがないのだと知らされた。

僧璨に参じた道信《どうしん》（五八〇～六五一）は、「どうか解脱《げだつ》（心の解放）の道をお示しください」と訊いて、「誰が君を縛っているのか」と問われた。「誰も縛る人があるわけではありません」。そう答えると、僧璨は「では、どうして解脱を求める必要があるのか」と迫った。道信は言下に悟ったという。

皆、己の心に迷ってきたのだ。この頃は、悩む者は精神科医や心理療法士のところに相談にゆくという。

ところが、その先生方が、各地の禅堂で懸命に坐禅しているとの話を聞くと、これは精神医学や心理学以前の問題なのだと知らされる。他人には決してそんな素振りを見せないが、心が思い通りにならないことでは、誰も密かに苦しんできたのだ。

ここにも一人、そんな男がいた。

どの心で点心をうけるのか？

徳山宣鑑《とくさんせんかん》禅師（七八二〜八六五）は、西蜀《せいしょく》（今の四川省）で仏典を解説する講師だった。特に『金剛般若波羅蜜経』が専門で、自信を持っていたから、南方で「禅」が隆盛になっていると聞いて、黙っておられなかった。

『金剛経』では「無量の時を重ねて仏の威儀を学び、仏心の在り方を学んで、そうした後で成仏する」と説いている。それなのに禅は、「即心是仏《そくしんぜぶつ》」（心の即今《そっこん》の働き、それが仏だ）などと言って、学問修行の過程を全く無視するような教えを広めていると聞く。

「こんな魔物の教えを学ぶ輩は、叩きつぶしてやらねばならぬ」

大いに発憤した徳山は、背中に『金剛経』の注釈書を背負って、出かけて行った。

さて、澧州《れいしゅう》（今の湖南省澧県）まで来た時、たまたま路上に一人の婆さんが油餅を売っていた。そこで、休息して点心《てんじん》（軽い食事のこと）をとろうと思い、背中の荷を下ろして油餅を注文した。すると、婆さんが訊いた。

「その背負ってきた荷物は何かね」

「『金剛経』の注釈書だ」

そう答えると、婆さんが言うのだ。

「私に一つ質問があるんじゃが、もしあんたが答えられるようなら油餅は布施してもよい。じゃが、答えられないようなら他の所で買ってもらおうかの」

徳山が憮然《ぶぜん》として、「では、問うてみよ」と言うと、婆さんが問うた。

「『金剛経』に『過去心不可得《かこしんふかとく》、現在心不可得、未来心不可得』（過去の心も得ることができぬ、現在の心も得ることができぬ、未来の心も得ることができぬ）と説かれてあるが、お坊さんはいったい、どの心で点心をとろうというのかね」

徳山はギュっとつまってしまった。こんな簡単な問いに、どう答えていいかさっぱり分からない。そこで、これはただの婆さんとは違うぞ。こんな質問ができるのは、きっと近くに勝れた禅僧がいるからだろう。そう思って訊ねると、龍譚崇信《りょうたんすうしん》禅師（九世紀前半）のところで参禅したらよいと教えられた。

『金剛経』は当時、禅の道理を学ぶための依るべき経典として、禅者が尊んでいたものである。その中で、「この世界にある、すべての生き物たちの心の在り様を、私は悉《あまね》く知っている。なぜなら、如来があらゆる心のことについて、心は皆、心ではないと説かれたからだ。須菩提《しゅぼだい》よ、過去の心も得ることがなく、現在の心も得ることがなく、未来の心も得ることがないのだよ」と説くところがある。

それなら、坊さんあんたは、どの心で餅を食うのかねと、婆さんは迫った。

徳山は、仏典の学者として、またプロの講師として誇りを持っていた。しかし、心のどこかに不安があったのだ。どんなに仏教学の高度な理解に達しても、それが生き死にの極みで通用するか否かは、別の問題である。多くは、最後の時、仏の救いを闇雲に信じることで救われようとする。だが、それはお酒を飲んで心を味《くら》ませるのと大差はない。本当の仏教者なら「我がうちに、一点の生死《しょうじ》もなし」と断言して、わざわざ仏を持ち出さなくとも、揺るぎもせぬ自覚がなければならぬ。

徳山は、そういうことでは、心に正直だった。高邁な学者が、餅売り婆さんの言葉に即座に頭を下げることができたのだから、稀有な存在だった。

礼拝するほかない

さて、龍譚《りょうたん》のところに留まること数日。ある夜徳山は、説法が終わった後も龍譚の側にいつまでも立っていた。そこで龍譚が訊いた。

「何で帰らないのだ」

「門外は真っ暗闇です」

龍譚は紙燭《ししょく》を灯《とも》してきて、徳山に渡した。ところが、受け取ろうとした刹那に、龍譚が「フッ」と吹き消す。徳山は思わず礼拝した。

「お前はいったい、何を納得して礼拝するのか」

龍譚がそう訊く。徳山は答えた。

「私は今より後は、決して天下の老師方の口先に迷うことはないでしょう」と。


私事で恐縮だが、夜半に目覚めて暗闇の中にいると、我が性格の多くが父母の性格だったと気づくことがある。しかしまた、父母の性格だけでもない心が、闇の底に見えてくる。「先祖の心か」とも思う。だがその前に、先祖の心を運んできた、生命が先だった。

ふと、「それなら、その生命に、宇宙の創造性が及んでいることの方が先ではないか」と気づく。静寂の中で耳底に響いてくる血液の流れを聞きながら、私はこの世のすべての事物に関わってきた、宇宙のはからいを覗《のぞ》こうとする。すると、急に苦笑させられるのである。「そうだ、こんな思いもまた、人間の意識上の産物だった」と。

例え、宇宙がどんなに関わっていても、それを思うのは人間である。人間が勝手にイメージした宇宙が、宇宙本来の姿であるはずがない。仏や神を言う時も、同じだったろう。我々は神仏を人間のイメージの中に閉じこめ、人間だけの尊いものにした。だから世界には、勝手なイメージの数だけ、宗教ができたのである。

一度は、人間の思いを離れて、事物そのものに触れてみる必要がある。そうでなければ、我々は思いのままに引きずりまわされて、一生を終わる。それが、どんなに煩わしいことか、知らない者はいないだろう。

龍譚は、火を消すことで、徳山の思いを吹き払った。そして、過去でも現在でも未来でもない（これらは皆、人間の意識上の時間である。宇宙に定まった時間はない）心に、直接させた。徳山が、思わず礼拝したのも、分かるだろう。礼拝するほかになかったのだ。

初めて、言葉にも事物にも束縛されることのない、自在な心に触れたからだ。慧可や僧璨も悟ったところの、心の本来の姿を確認して、徳山は、やっと、腹いっぱいに餅を食った気がしたことだろう。

日面仏、月面仏

有相の所は、皆な虚妄

禅は、「悟る」宗教だと言われる。

いったい何を悟るのか。もし、そう疑った者が禅の本を覗いて見るなら、「仏心《ぶっしん》を悟るのだ」と書いてあるだろう。そこで「仏心」とは何かと見れば、おおよそどの書物にも、以下のような説明がなされている。

「仏心とは、各人の心の中にあるもので、生まれたままの本性がそれである。人は生まれながらにして悟りの種を持っているが、それに気づくのはなかなか難しい。だから坐禅などの厳しい修行を通じて、自分の本性を悟る必要がある」

「自分の心に鏡のように澄み切った清浄な心、仏心がある。坐禅は、人間なら誰しもが持っている仏心（仏性）を自覚（悟る）するための、一つの方法である」

なるほど、坐禅すると、己が本性に生まれながらに持ってきた「仏心」を悟るらしい。そして悟ると、誰でも、「仏心」「仏性」と言われるような、すばらしく澄んだ心になるという。そのためには厳しい坐禅修行も必要なのだが、その結果、ひとたび悟った者は人間性が一変して、俗世の欲念に捉われたり、迷い苦しむことから解放される。以後は、何をやっても自在で、日常の一挙手一投足がすべて、仏心の所作となって行くのだと言う。

本当だろうか？「悟り」とは、そんな結構な状況に人間が変化してゆくものを言ったのだろうか。

例えば『金剛経』に、「およそ有相《うそう》の所は、皆な是れ虚妄《きょもう》なり」とある。これという姿かたち(相)の有るところは、すべて事実ではない、というのだ。ならば、修行者が厳しい修行の結果、悟って人間性が一変したというのも、何か特別に有相の境地を拵《こしら》えたことにならないのだろうか。

前にも書いたが、白隠禅師が大悟した後、なぜ重度のノイローゼになったのかは、充分に究明されねばならない問題と思う。

実は、真実を悟ったからこそ、いよいよ迷うこともあるのだ。

迷《じゅ》っするに堪えたり

馬《ば》祖《そ》道一《どういつ》禅師（？～七八八）が病床にあって、まさに死なんとする時、院主《いんじゅ》（大寺の事務長）がお見舞いに来て訊いた。

「その後、ご容態はいかがでしょうか」と。

馬祖はただ、

「日面仏《にちめんぶつ》、月面仏《がちめんぶつ》」

と答えたきりだった。

「日面仏」とは、寿命が千八百歳もある仏だという。「月面仏」はその反対に、一日一夜だけの寿命で終わる仏だという。（『三千仏名経』）

後にこの話を取り上げた雪竇《せっちょう》禅師（九八〇～一〇五二）が、詩偈《しげ》でもってコメントした。

「日面仏、月面仏。五帝三皇《ごていさんこう》是れ何者ぞ。君がため幾たびか蒼龍《そうりゅう》の窟《くつ》に下る。二十年来、曾《か》って苦辛《くしん》す。屈《くつ》、述《じゅ》っするに堪えたり。明眼《みょうげん》の納僧《のうそう》も軽忽《きょうこつ》すること莫《なか》れ」と。（『碧巌録』第三則・馬大師不安）

（日面仏、月面仏とな。五帝三皇もこの一言の前では何者でもないぞ。ああ、しかしこの一言に尽くされるためには、龍の棲む洞穴に飛び込み、その口中に有るという宝玉を盗ってくるような命がけの工夫があった。二十年以上にもわたる苦心惨憺《さんたん》の努力だったが…。いやもう、

述べることも出来んわい。すっかり悟ったように言う坊さんたちも、このことだけは、軽々しく納得してはならんぞよ）

「五帝三皇」は、中国の古代にもっとも尊敬された、伝説の皇帝たち八人をいう。

「日面仏」の寿命は千八百歳というが、永遠のことでもある。「月面仏」は一昼夜の寿命とされるが、一刹那《せつな》の間と見てもよい。

馬祖禅師は死を間近にした病床で、永遠と刹那の交差上で常に転々して止まない、我々の生死の実相を示されたのだろうか。

さて、雪竇禅師はまず、馬祖末期の一句をそのままに取り上げて、「聖天子とされる五帝三皇の偉大さも、とてもこの一言の力には及ばない」と批評した。日本なら、さしずめ「八百万《やおよろず》の神々を統《す》べる天照大神の権威も、馬祖の真意にははるかに届かない」と述べたのと同じである。そこで、宋の第六代・神宗《しんそう》皇帝（一〇六七～一〇八五在位）の時編纂された大蔵経に、『碧巌録』は採用されなかったという。あまりに、不敬とされたからだ。

エーイ、今日はもう止めじゃ

天竜寺の管長だった関精拙老師は、子供の頃郷里の浜坂で、北隠和尚の『碧巌録』の提唱を聞いた。ある日、たまたま、この「二十年来…」のところに来ると、和尚は急に声の調子が変わって「二十年来、二十年来」とくり返すばかりで前に進まない。どうしたのかと思っていると、涙いっぱいになって、「もう今日はこれで止める」と言って部屋に入ってしまわれた。

後に天竜寺僧堂に入門すると、師家の峨山老師（一八五三～一九〇〇）の『碧巌録』提唱があって、この段になっても、平気でスラスラと講じられる。精拙は「何だ、ここは途中で止めるところではないのか」と思って、些《いささ》か失望したという。ところが、それから五、六年たって再び『碧巌録』を講じられると、この「二十年来…」というところで、峨山老師も前に進まない。声もかすれ涙に咽《むせ》びながら「二十年来」をくり返していたが、ついに「エーイ、今日はもう止めじゃ！」と高く叱咤されて、そのまま隠寮に帰ってしまわれた。

二禅師とも、雪竇が「屈、述っするに堪えたり。（エイもう、述べることもできんわい）」と詠った心根が痛感されて、思わず胸に迫ったのだ。

悟ることを、禅では「見性《けんしょう》」という。自らの本性を徹見することである。

いかなる存在の根底にも、一つの空っぽな事実が貫いている。ちょうど桶の底が抜けて果てが無いように、澄んだり清浄だったりする心も一寸も届かない、端からの空っぽがある。激しい自己究明の末に、本性を見出した者は、己だけではなく、世界の一切の事物が、この空っぽという事実に拠らねば瞬時も存在し得ないことを、はっきりと納得するのである。

宇宙の創造性ですら、この一事実の内に包まれてしまう。実は、根底に無相の空っぽが備わっていたればこそ、あらゆる事物を自在に生んで、永遠の創造をくり返してきた宇宙だった。なれば仏神も五帝三皇も、この空っぽの事実の前では、及びもしないのは当然だったろう。馬祖も末後に、この一事を表出されたのだ。

寸心居士・西田幾多郎博士が、「我が心深き底あり喜びも　悲しみの波も　届かじと思ほゆ」と詠われたのも、確かにこの事実に直面されたからだった。

しかし、そんな見性体験があったからといって、人間が急に達人になるわけではない。このことは前にも記したが、武道やスポーツ、職人芸の世界で苦心してきた者なら、何度もコツのようなものは掴むのである。だが、そのコツがさまざまな状況の中で自在に使えるようになるには、また一層の苦心が必要とされる。禅の体験も、同じだった。白隠禅師が大悟の後、重度のノイローゼになったのも、体験を真に自在にしたいとの苦心の結果だった。

すべては空っぽの一事実に貫かれて在る。そう悟った者は、無論、従来の考え方を一変させられた。「己とは何か」「生きることの真意は何か」ということが、心底納得されるからだった。

人間の安心は、この道理に貫かれるほかにないことが、確信される。戦争や平和に関わる歴史的課題すら、この体験から見れば、解決の方法は明白に示されていた。

どんな問題も、己自身がここに存在する意味を真実納得したのでなければ、正しく答えたことにはならないのだった。しかしそれは、何と至難の道だったろう。

ひと度自由を体験した者は、今度はわずかな不自由にもつまずくのである。体験がない者なら、つまずいても、つまずいたことに気づかない。そこに、本性を徹見した者の、苦心があった。己の欲念から真に解放されるためには、さらに倍する工夫が必要なのだった。そうして始めて、些かの真意を生きるのである。

禅の実践がそんなに大変なものなら、「修行する暇もない一般人は、寄り付く島もない」と思うだろうか。もし、誰にも納得されるような簡単な道理の方が信じられると思われるのなら、「どんな人にも仏心が備わっている」という言葉を鵜呑みにされてゆくがよい。

だが、雪竇禅師のように、「屈、述っするに堪えたり」と言わねばならぬ苦心のほうを信じたいのなら、大変ではあるが、私どもは自らこの道を行くほかにないのである。

香厳、竹の一撃に悟る

すべての生活は、自己自身への道

物心がつく以前には、何の問題もなかった。自己と両親との間にどんな違和もなかったからだ。先に生まれた兄弟があったとしても、彼らと自分とが対立することはなかった。そもそも、自己という意識自体が希薄で、他人に対しても自他の境がないのだった。そういう意味では幸せな時代だったといってよい。

ところがある日、己に対立する世界があることに気づかされる。昨日まで自分を取り巻く一切の環境は、どこまでも暖かく優しいものに見えていた。それが突然、己の思いなど全く通じない、冷たい世界だったと知らされる。親は、自分の言うことなど真剣に聞こうとしない者だった。大人が言うことと、本音とが違うことにも出会う。それは子供心が傷つく始まりだった。兄弟は、ともすれば敵になったし、同世代の子供の大半はもっとそうだった。こうして私どもは、徐々に、世界が少しも優しくないことを覚え、心に苦しみや悲しみを抱く者になっていった。なぜ誰もが、己の生き方を模索して止まないのかといえば、この世界と自己との違和感を体験してきたことに拠るのだった。もう一度、あの幸せだった調和の時を取り戻したい。それが私どもの内なる本音だったろう。

ヘルマン・ヘッセの『デミアン』を読むと、最初のはしがきに、「全ての人間の生活は、自己自身への道であり、一つの道の試みであり、一つのささやかな道の暗示である。どんな人もかつて完全に彼自身ではなかった。しかし、めいめい自分自身になろうと努めている」（高橋健二訳・新潮社文庫）とある。

「自分自身になろうと努めている」とは、己の生きる場所に、他という違和感がない状況を求めていることであろう。己の行為した一々が、そのままで、全く足りている世界。そんな自他一如の調和世界を、いつも夢見てきた。

問題は、どのようにして自分自身を真に充実し得るのかということだったろう。多くの人が、大人社会のさまざまな生活方式を選択することで、自己自身になろうと努めた。しかし大半は「完全に自分自身になりきれない」で、「一つの道の試み」のままで終わっていった。

だから、中には生活方式を選ぶ前に人生そのものの意味を究明して、考え方の上で違和感のない世界を求める者があった。ヘッセもその一人であったろう。彼らは先人の片言隻句の中に確かな道を見出そうとした。だが結局、膨大な書物を漁って知識を増やしただけで終わった。先人の知識は彼自身のものではないからだった。

どうしても一度は、己自身の手で自己を完成させる必要がある。昔の禅者にも、そのことを痛感させられてきた者があった。

一撃に所知を忘ず

唐（現中国）の時代。香厳智閑《きょうげんちかん》禅師（？〜八九八）は、雲水（修行僧）として潙山霊祐《いさんれいゆう》禅師（七七一〜八五三）の元で修行していた。たいそうな博識で、弁舌に長《た》け、誰と議論しても負けることがないという評判だった。

そこである朝、潙山が訊ねた。

「汝《なんじ》が学問的に理解しているところや、経巻や書物上で記憶しているところを、わしは問わない。汝が母の胎内から出てくる以前の、まだ西も東も分からない時の本来の自分は、いったい何者なのかを、一つ言うてみよ」と。

香厳は答えることができなかった。それでも学者としての自負がある。懸命に考えては論証した。しかし潙山は、「それは、書物に書いてある他人の知識であって、汝自身の本来ではない」と言い、どんな説明も否定した。香厳は行き詰まって、

「もう、どう答えてよいか分かりません。何卒《なにとぞ》、本来の私が何なのかを教えてください」

と懇願した。すると潙山は言うのだ。

「わしが教えたものは、汝の体験ではない。自分で会得したものでなければ、汝自身の眼目にはならんではないか」

禅堂に帰った香厳は、今までに経典や語録からノートに書き抜いてきた言葉をさまざまに調べてみた。だが、一句も潙山の質問に答えられるものが見出せない。ついに一切のノートを焼いてしまった。「生きて真の仏法を理解せず、本来の己が何かも諦めることができないのなら、単に無駄飯食いの僧で終わるだけではないか」。自らに絶望した香厳は、泣きながら潙山の元を去り、南陽の白崖山《はくがいさん》に隠れてしまった。そこは南陽慧中《えちゅう》国師（?～七七五）が四十年も隠棲されていた地で、せめてその墓守でもしながら一生を終わりたいと思ったのだ。

そんなある日、庭掃除をしていて、集めた草木を竹やぶに放り捨てた。右も左も分からなくなって、すっかり行き詰まってしまった心を、投げ出すような気持ちで捨てたのだという。ところが、中に瓦の欠片《かけら》が混じっていたらしく、突然、竹に当たった一撃が「カチーン」と音を上

げる。

とたんに香厳は、笑ってしまった。潙山の問うた意味が、急に納得されたからだった。後にその時の心境を詩偈《しげ》に託して歌った。

「一撃に所知を忘じて、更に修治《しゅうじ》を仮《か》らず。動容に古き路を掲げて、悄然《しょうぜん》の機に堕《お》ちず……」

（竹に当った一撃を聞いて、学んだ知識を忘れてしまった。修行をしたり学んだり、そんな工夫も要らなくなった。日々の行為に祖道を掲げ、迷うことなどついにない。端《はな》から溌剌《はつらつ》としているばかり……）

他から借りたものではない自己

自分自身の確かな生き方を見出すのは、なかなかに困難である。ヘルマン・ヘッセも、『デミアン』の巻頭で述懐する。

「私は、自分の中からひとりで出て来ようとしたところのものを、生きて見ようと欲したに過ぎない。なぜそれがそんなに困難だったのか」と。

他人の言葉や行動、その時の社会思想や価値観に影響された己ではない。素っ裸のままで、生まれた時の、まだ何ものにも色づけられない以前の本来の自分「ひとりで出てこようとしたところのもの」に、出会いたい。それが私ども内心の、本音であった。

香厳は、その本音を求めて、つい知識の方から入ってしまった。知識を深めるのにも大変な努力はいる。だが、己自身の根源を究めてゆくことよりは楽である。その上、人に該博《がいはく》な知識を披瀝して、優越感にひたる余禄もある。しかし、潙山の前では、そんな余禄も通じなかった。「他人から借りた言葉ではない、お前自身が直接体験してきたところを言え」と迫られ、心底行き詰まった。

しかし、香厳はもともと純真な者だった。己を恥じて山中に隠れてからも、母の胎内から出てくる以前の本来の己を問い続けて、止まなかった。だから竹の一撃にハッと悟ることになる。「カチーン」と聞いた時、男とか女というような差別が聞いたのではなかった。博識の知識や肩書きが聞いたのでもない。老いや若さや財産や名誉が聞いたのでもなかった。ただ生まれる以前からの、誰にでも備わった、本来の、聞くべくしてあるものが、「カチーン」と聞いた。そのことに、香厳は、突然気づかされた。

だから、思わず笑ってしまった。失くしたものを終日探し回って、フト目前の本の下などに見つけた者も、笑うだろう。それと同じだった。苦心して外に探し回っていたら、最初から手元にあったのだ。

誰に借りたのでも誰に左右されたのでもない。最初から増えもせず減りもせずに、今日まで変わることなく引っさげてきた、純白な己が、そこに貫いていた。

宗教はある時、この気づきがあって本物になった。自然のはからいの不可思議さを怪しみ、戦《おのの》いて、ひたすら額《ぬか》づいてゆく信仰から脱皮した。以後、深い自覚に拠った道理が、全存在の本来の在り様を正しく照らしてきたのである。

もし宗教が現代人の生き方を迷わせているのなら、ただ、この本来の自己に目覚めるという道を忘れて、偏《ひとえ》に知識のうちで納得しようとしてきたことに原因があるのだ。

枝先で人生の真意を答えてみよ

名前を知ることで、己を見出してきた

私どもがこの世に生を受けた時、人間として最初に出会った文化は、言葉だった。すでに胎内にある時から耳に届いていただろう音を、初めて胎外で聞いた。やがて目が見えるようになり、口が利《き》けるようになると、目前の事物にそれぞれ異なった名前が与えられていることを教えられた。それは大いなる喜びだったと思う。深い喜びがあったから、こんなにたくさんの言葉を苦もなく覚えて、誰もが自在に話せるようになったのだ。

まだ言葉を覚えない時、私どもは、自己と世界が対立しない、一如の中にあった。言葉がなければ、己という意識も生じないからだった。己とは、他者との比較を通して確認されるものであった。だから、事物の一々に名前があることを知らされ、覚えた時、私どもは初めて世界を見出し、同時に自己の在ることを確認したのである。

旧約聖書で、最初にこの世が創造された時、「初めに言葉ありき」と宣言されたのも、この体験があったからだと思う。

満一歳の頃病魔に冒《おか》され、目も見えず耳も聞こえず口も利《き》けないという三重苦を得たヘレン・ケラーが、七歳の時サリバン先生に出会って人間性を取り戻してゆく話は、一層この事実を明らかにする。

彼女は初め、人形やコップを与えられて、先生が自分の掌《てのひら》に指で「d―o―l―l」や「c―u―p」と書くのを、何かの遊びのように思っていた。それが、何度もくり返されると、癇《かん》癪《しゃく》をおこし、人形を叩きつけて壊したりもした。先生はどうしたら人に言葉があることを悟らせることができるかと、苦しんだ。ある日外に出て、ヘレンの手を水流に触れさせ、反対の掌に何度も、「w―a―t―e―r」と書いていた。すると、突然、ヘレンの心に、何か忘れ物を思い出すような、神秘なおののきが湧いた。そして初めて、「w―a―t―e―r」は、今自分の手に触れているふしぎな冷たい物の名前だと気づかされた。

「この生きた一言が、私の魂をめざめさせ、光と希望と喜びを与えて、私の魂を開放することになったのです」と彼女は後に述懐したが、その時「手に触れるあらゆる物が、生命をもって躍動しているように感じて、新しい目ですべてを見るようになったから」だった。(『わたし

の生涯』岩橋武夫訳・角川文庫より）

枝先にぶら下がって、真意を示せ

私どもも、実は、ヘレンと同じ体験をしてきた。すっかり忘れていると思うが、初めて事物に名前があると知った時、幼心に己が魂の目覚めを実感したのだ。

私どもが今でも、事物を通して自己を確認しようとするのは、そんな幼い頃の体験に拠る。以後の私どもの人生は、すべて、ただその体験を再確認するために費やされてきたと言ってもよいだろう。名前と事物と己自身とが一如になって、自他の差別がないほどに調和された時の充実を、初心の新鮮な言葉で正しく確認したいと願ってきたのだ。そうすることで、己自身の魂が開放されるように予感してきたからだ。

しかし、幼子の自他一如の世界から飛び出し、長く大人の言葉社会で暮らしてきた者が、初めの自覚と感動に戻ることは、難しい。健康な身体で、ヘレンのような三重苦になるわけにもいかない。言葉でもって自己を表現してきた者が、言葉以前の実在に触れようと願うのである。それは、いかにして可能だったろう。

古来、禅者も、そのためにはさまざまな苦心を体験してきた者たちだった。

前に紹介した、香厳智閑《きょうげんちかん》禅師（？～898）が竹に瓦の欠けらの当たった一撃で存在の真意を悟った話も、そんな苦心の一例である。

その香厳禅師が、後に寺に住した時、雲水（修行僧）たちに次のような質問をしたことがあった。

「例えば人が樹に登って、口に枝をくわえ、両手は離して、全身が空中にあるとしよう。その時、樹の下にいる者から、急に祖師西来意《そしせいらいい》を訊かれたなら、お前たちはどう答えるか。もし答えることができないなら、長年坐禅修行してきたのに何にも分かっていなかったことになる。だが、うっかり答えようものなら、そのとたんに樹から落ちて命を失うことにもなる。さあどうするかね」と。

天高くそびえる大樹の枝先まで登って、両手を離し、枝を口にくわえただけで空中にブラ下っているのだと想像してもらいたい。ところが、そんな必死な状況で、下から禅の真意を訊ねられてしまった。いったい、どう示したらよいのかと言うのである。

ここで問われている「祖師西来意」は、禅問答の中でよく出てくる問いかけである。言葉の意味は、達磨大師（祖師）がインドからはるばると西域の地を越えて中国に布教に来られた。

その真意は何か、というのである。しかし、祖師の西来の意味に限定する必要はない。「私という存在は、いったいどこから来たのか」「私がこの世に生まれてきたのは、どんな真意があるのか」という問いかけと、同じ意味に見てよい。

ではなぜ、自分の存在する理由を、香厳は、こんな危うい中で答えさせようとしたのだろうか。こんな状況では、無論、世界一豊かな教養も、膨大な仏教学の知識も役に立たない。いかに高邁な道理を弁ずる才能があったとしても、無意味である。学歴も、地位も、財産も、名誉も、プライドも、およそ私どもが日頃自分を支える一番の価値と頼ってきた、あらゆる経験則が、ここでは全く通用しない。うっかり返事しようものなら、墜落するだけなのだ。

実は私という存在を、一度は人間に与えられてきた、すべての価値観から離して、何も依るべきものを持たない素っ裸のままで実感させようとした。その方が、かえって、己を正しく見出せることを体験してきたからだった。

何百万年のくり返し

約六年間の、言葉を知らない無自覚状態の中でも、ヘレンの体験だけは喜怒哀楽の感情を伴って心の底に積み重ねられていたことと思う。否、むしろ言葉にならない分、一々の体験は全存在に行き渡っていたことだろう。だから、たった一言の発見で、その刹那《せつな》に過去の全体験が呼び出されてしまった。私どもが不意に後ろから呼びかけられて、思わず「ハイ」と振り返った時のようにである。

何も用意されてないところで、後ろから急に名前を呼ばれたら、どんな人でもすぐに「ハイ」と答えて振り向くだろう。そこに善人悪人の区別はない。ただ呼ばれたから、無心に応じただけである。すると、何も構えないままの、素っ裸の己が顔を出した。

言葉によって振り向いたものは、言葉だけではなかったのだ。生まれてから今日まで蓄積されてきた経験のすべてが、丸ごと動員されて振り向いた。

私どもの体験は、生まれたその時から、急に始められたのではない。誰もが、この世にオギャーと生まれ出てくる。そのことからして、何百万年もくり返され、蓄積されてきた命の経験上にある。過去無量に死んでは生まれてきた、その経験がなかったなら、私どもはまた、生まれたり死んだりすることもなかっただろう。

香厳が雲水たちに奇妙な条件で質問したのも、そんな生の事実に触れさせたいと願ったからだった。大半の人が、安易に、思ったり考えたりするところだけに己が在ると思い込んでいる。実際は永遠の中で、人類という体験を無量に蓄積することで今日の私になってきた。その事実も含めないでは、私を正しく証明したことにはならない。

時には大地を離れ、言葉や社会的な価値を無効にさせて、ただ空中に揺さぶられて見るのも一興であろう。うっかり油断すれば墜落するが、堕ちたからといって、過去無量の生死の経験が失われるわけではない。一片の雲が空にかかって、かえって大空の無限を際立たせるように、私どもの危うい揺らぎが、むしろ全存在の永遠性を直覚させるかもしれないのだ。ヘレン・ケラーが、一言に貫かれて全生命を実感し、光と喜びに包まれたようにである。

さあ、貴方なら、香厳の試みにどう返答するだろうか。蜘蛛《くも》は軒先に網を張って、ひたすら蝶のかかるのを待ち、蛇は地に潜んで蛙を飲まんとて、身じろぎもせずにいる。人間もただ、見果てぬ夢を追って、日々に胸を焦がしているのである。

あとがき

ここに集められた文は、「大法輪」誌で平成十七年六月号から連載されてきたものである。鈴木大拙博士が、「現代には現代の表現方法がある。禅者はいつまでも漢文化を踏襲しているばかりではだめだろう」と言われた。その一つの試みでもある。

故鎌田茂雄博士の中国学術交流に同伴して、貴重な仏教遺跡の写真を撮り続けてきた赤津靖子氏は、私の年来の知人でもある。彼女の写真は、「大法輪」誌上にも何度か掲載されたことがある。そんなご縁から、あるとき編集部の黒神直也氏を紹介された。以来、禅の特集記事などで、時々書かせてもらうことになったが、連載は、これが初めてである。

しかし、書き続けてゆくうちに、私の中で明確になってくることがあった。始めは、禅に対する雑感のようなことで書き出したのだが、次第に、思想性が意識されてくる。結局、禅の祖師方は、平等と差別の本来の関わり方ばかりを問題にしてきたのだと気づかされたのは、有難いことだった。

私どもは、平等が日常生活の上でも実現し得るすばらしい理念のように思っている。だが、それは人間の希望から錯覚された、全くの空論である。天地のはからいが万物に平等に及んでいることは、事実である。しかし、その平等性の実体を具体的に取り出すことはついにできないのだ。本来、平等はいかなる姿かたちも持たないままで、例えば我が家の畑の大根や人参という、極めて狭い差別の上に限定されることで具体的になっているからだ。平等はいつでも、個々の一々になって、他の何ものでもないという絶対の独自性を主張することで、正しく証明されるのである。それが、万物に及んでいる事実と知らされるから、果てしもない無量の広大さと直覚された。

禅には本来、思想性など微塵もないが、人間が悟ってきたものだから、自ずと体系性や方向性をもって捉えられることになる。そこで、「煩悩即菩提」とか「迷悟一如」というようなことも言われることになった。この言葉がよく分からないと述懐する者も多いが、平等を「悟性」、差別を「迷える凡夫」と見るなら、凡夫によってしか悟性が確認されないことも、当然の事実と知らされるだろう。

大法輪閣編集部の黒神直也氏と同社の諸氏には、大変お世話になりました。この場を借りて、改めて御礼申し上げます。

平成二十年　盛夏

形山睡峰　拝

形山　睡峰（かたやま・すいほう）
昭和 24 年　　岡山県に生まれる。
昭和 48 年　　京都・花園大学を中退して、東京・中野の高歩院、大森曹玄（おおもりそうげん）老師の下で参禅を始める。その後、出家得度して、臨済宗の末僧となる。
昭和 59 年　　千葉県・富津市の鹿野山（かのうさん）禅青少年研修所にて、会社員の坐禅研修に従事。
昭和 63 年　　茨城県出島村（現かすみがうら市）岩坪に菩提禅堂が建立され、堂長に就任。
平成 19 年　　かすみがうら市宍倉に「無相庵・菩提禅堂」を開創。庵主として現在に至る。

著書『幸福に生きるためのヒント』『人生に迷ったときのヒント』（各光雲社刊）『心が動く・一日一話』（佼成出版社刊）

禅に問う　**一人でも悠々と生きる道**

平成 20 年 9 月 10 日　初版第 1 刷発行 ©

著　者　形　山　睡　峰
発行人　石　原　大　道
印刷所　三協美術印刷株式会社
製　本　株式会社　越後堂製本
発行所　有限会社　大法輪閣
東京都渋谷区東 2－5－36　大泉ビル 2F
TEL　(03) 5466-1401（代表）
振替　00130-8-19 番

ISBN978-4-8046-1274-4　C0015　Printed in Japan